公路水泥稳定掘进煤矸石基层应用技术研究

Research on Application Technology of Highway Cement
Stabilized Tunneling Coal Gangue Roadbases

汪德才　姚贤华　张　庆　李克亮　著

中国建筑工业出版社

图书在版编目（CIP）数据

公路水泥稳定掘进煤矸石基层应用技术研究 = Research on Application Technology of Highway Cement Stabilized Tunneling Coal Gangue Roadbases / 汪德才等著. — 北京：中国建筑工业出版社，2024.3
ISBN 978-7-112-29625-5

Ⅰ.①公… Ⅱ.①汪… Ⅲ.①水泥混凝土路面-掘进工作面-煤矸石-路面基层-研究 Ⅳ.①U416.216

中国国家版本馆CIP数据核字（2024）第040098号

本书包括8章，分别是：绪论、煤矸石的分布及应用、掘进煤矸石材料特性研究、掘进煤矸石基层材料组成设计、水泥稳定煤矸石-碎石混合料力学特性研究、水泥稳定煤矸石-碎石混合料耐久性能研究、综合性能对比及微观机理研究、水泥稳定掘进煤矸石基层工程实践等内容。本书依托郑州市科技协同创新专项"公路水泥稳定煤矸石基层技术开发及应用"，针对河南鹤壁地区所产的掘进煤矸石，研究煤矸石与碎石粗细集料间的差异性，采用室内实验和现场实验相结合的方法分析了煤矸石比例替换和粒径替换天然碎石对水泥稳定掘进煤矸石-碎石混合料力学特性、耐久性能及微观机理的影响，最后推荐了公路水泥稳定煤矸石基层应用最佳设计方案。

本书可供从事公路工程道路建设、维修等技术人员使用，也可供相关专业及大学师生参考使用。

责任编辑：杜　洁　胡明安
责任校对：赵　力

公路水泥稳定掘进煤矸石基层应用技术研究
Research on Application Technology of Highway Cement Stabilized Tunneling Coal Gangue Roadbases

汪德才　姚贤华　张　庆　李克亮　著

*

中国建筑工业出版社出版、发行（北京海淀三里河路9号）
各地新华书店、建筑书店经销
北京科地亚盟排版公司制版
北京中科印刷有限公司印刷

*

开本：787毫米×1092毫米　1/16　印张：7¼　字数：205千字
2024年3月第一版　　2024年3月第一次印刷
定价：38.00元
ISBN 978-7-112-29625-5
（42222）

版权所有　翻印必究
如有内容及印装质量问题，请联系本社读者服务中心退换
电话：（010）58337283　QQ：2885381756
（地址：北京海淀三里河路9号中国建筑工业出版社604室　邮政编码：100037）

前　言

煤矸石是煤炭生产和加工过程中产生的固体废弃物，是目前我国排放量最大的固废之一，将其作为筑路材料再生利用是实现绿色低碳发展的重要途径，但由于煤矸石材料来源的多样性以及应用环境和工程力学性能的限制，煤矸石在公路工程中大多用于路基的填筑，很少在路面基层结构中采用，其利用价值相对较低。若将煤矸石材料应用于公路路面基层结构，一方面煤矸石再利用避免了开山挖石，保护绿水青山；另一方面则推动煤矸石在公路建设工程中的高附加值与高质量的应用，提高其资源化利用水平，将具有显著的经济价值和社会环境效益。

本书依托于郑州市科技协同创新专项"公路水泥稳定煤矸石基层技术开发及应用"（2021212-15），针对河南鹤壁地区所产生的掘进煤矸石，研究煤矸石与碎石粗细集料间的差异性，采用室内实验和现场实验相结合的方法研究分析了煤矸石比例替换和粒径替换天然碎石对水泥稳定掘进煤矸石-碎石混合料力学特性、耐久性能及微观机理的影响，最后推荐公路水泥稳定煤矸石基层应用最佳设计方案。研究成果在工程实践中得到验证，为掘进煤矸石材料在高等级公路基层中的应用提供参考依据。

全书共有 8 章。第 1 章绪论，阐述研究的背景及意义，综述国内外煤矸石在道路工程中研究与应用情况。第 2 章煤矸石的分布及应用，主要介绍河南省煤矸石的分布、煤矸石的分类等情况。第 3 章掘进煤矸石材料特性研究，以鹤壁地区掘进煤矸石为研究对象，基于多尺度试验手段考察了掘进煤矸石的组分，采取系列室内试验分析煤矸石的理化特性及工程特性，评估了掘进煤矸石在高等级公路基层的适用性。第 4 章掘进煤矸石基层材料组成设计，依据水泥稳定混合料材料组成设计思路，以骨架密实结构为基础设计了偏粗、中间和偏细三种水泥稳定煤矸石混合料，考察其击实特性及力学强度特性，优选出最好的级配方式，针对性设计比例替换和粒径替换两种模式，并对比分析碎石和煤矸石集料对煤碎混合料击实特性的影响。第 5 章水泥稳定煤矸石-碎石混合料力学特性研究，研究比例替换和粒径替换的 10 种煤碎混合料的力学强度，分析龄期和掺配方式对煤碎混合料抗压强度的影响及演变规律，提出煤碎混合料的无侧限抗压强度与龄期、动态抗压回弹模量与龄期、无侧限抗压强度与动态抗压回弹模量的预测关系。第 6 章水泥稳定煤矸石-碎石混合料耐久性能研究，基于优选后的级配分别进行冻融循环试验、干缩试验和四点弯曲疲劳试验，评估不同掺配比例及粒径替换对煤碎混合料耐久性能的影响。第 7 章综合性能对比及微观机理研究，采用雷达图模型评估五种级配组成的综合性能，优选出合适的掺配方式；从宏观和微观两个角度观察混合料的破坏形态，研究碎石和煤矸石在破坏状态时的差异表现，对混合料的胶结机理进行探讨。第 8 章水泥稳定掘进煤矸石基层工程实践，基于前述研究成果，在现场进行无侧限抗压强度、劈裂抗拉强度、抗冻性能、微观结构等试验，探究水泥稳定煤矸石材料在不同水泥掺量下的变化规律，并将现场试件与室内试件相结合进行对比分析，总结了水泥稳定煤矸石基层施工工艺与质量控制要点，最后课题组编制了河南省地方标准《公路水泥稳定掘进煤矸石基层施工技术规范》DB41/T 2390—2023。其中汪德才撰写第1章至第7章，姚贤华撰写第8章，并参与撰写第2章，李克亮参与撰写第7章，全书由汪德才负责统稿，张庆校核全文。

本书的内容来自课题组近几年的研究成果，包含已毕业的郑州大学硕士胡磊、华北水利水电大学的硕士杨彪以及仍在奋斗中的硕士研究生杨澜、魏家伟一同完成的工作。本书的出版得到了郑州市科技协同创新专项的资助，参考并引用了同行和有关专家的资料及成果，作者在此一并表示衷心感谢。

由于作者的水平与经验有限，书中难免存在疏漏或不足之处，敬请各位专家和读者不吝赐教，联系 wangdecai@ncwu.edu.cn 批评指正。

著作者

2023年11月于华北水利水电大学（花园校区）

目 录

第1章 绪论 1

1.1 研究背景和意义 1
1.2 国内外研究现状 2
   1.2.1 煤矸石工程应用现状 2
   1.2.2 煤矸石材料特性研究现状 4
   1.2.3 煤矸石混合料基层应用 4
   1.2.4 改性煤矸石混合料 5
   1.2.5 存在的主要问题 6
1.3 研究内容及技术路线 7
   1.3.1 研究内容 7
   1.3.2 技术路线 8

第2章 煤矸石的分布及应用 9

2.1 河南省煤矸石的分布 9
   2.1.1 资源较丰富，以焦煤、无烟煤为主 9
   2.1.2 中小煤矿居多，产能集中度较高 10
2.2 煤矸石的分类 11
   2.2.1 按成分分类 11
   2.2.2 按来源分类 12
   2.2.3 按自然存在状态分类 12
   2.2.4 按利用途径分类 13
   2.2.5 分类分级法 13
2.3 煤矸石的应用 14
   2.3.1 煤矸石在交通领域的应用 14
   2.3.2 煤矸石在其他方面的应用 15
2.4 本章小结 16

第3章 掘进煤矸石材料特性研究 17

3.1 掘进煤矸石的组分分析 17
   3.1.1 矿物组成 17
   3.1.2 化学组成 18
3.2 理化特性测试与分析 18
   3.2.1 密度 18

3.2.2 吸水性 ·· 19
3.2.3 针片状含量 ··· 19
3.2.4 耐崩解性 ··· 19
3.2.5 膨胀性 ·· 20
3.2.6 烧失量 ·· 21
3.3 掘进煤矸石工程特性 ·· 21
3.3.1 液塑限 ·· 21
3.3.2 压碎值 ·· 22
3.3.3 颗粒级配 ··· 23
3.4 本章小结 ·· 24

第4章 掘进煤矸石基层材料组成设计 ·· 25
4.1 试验设计思路 ··· 25
4.2 原材料性能检测 ·· 25
4.2.1 水泥和水 ··· 25
4.2.2 煤矸石 ·· 26
4.2.3 碎石 ·· 26
4.3 水泥稳定煤矸石材料组成设计 ·· 27
4.3.1 级配设计 ··· 27
4.3.2 击实试验 ··· 27
4.3.3 无侧限抗压强度试验 ·· 30
4.4 各掺量混合料参数的确定 ··· 31
4.4.1 最终级配的确定 ··· 31
4.4.2 煤矸石-碎石混掺方案的确定 ··· 31
4.4.3 水泥稳定煤矸石-碎石混合料击实试验 ··························· 33
4.5 本章小结 ·· 34

第5章 水泥稳定煤矸石-碎石混合料力学特性研究 ··························· 35
5.1 无侧限抗压强度 ··· 35
5.1.1 试验方法 ··· 35
5.1.2 7d无侧限抗压强度 ··· 36
5.1.3 28d、90d无侧限抗压强度 ··· 38
5.1.4 掺配方式的优选 ··· 41
5.2 弯拉强度 ·· 41
5.2.1 试验方法 ··· 42
5.2.2 试验结果 ··· 43
5.3 动态抗压回弹模量 ·· 44
5.3.1 试验方法 ··· 45
5.3.2 试验结果 ··· 46

  5.3.3 无侧限抗压强度与动态抗压回弹模量的转化 ·············· 47
 5.4 本章小结 ··· 48

第6章 水泥稳定煤矸石-碎石混合料耐久性能研究 ················ 50
 6.1 冻融循环试验 ··· 50
  6.1.1 试验方法 ·· 50
  6.1.2 混合料质量损失分析 ······································ 51
  6.1.3 混合料冻融残留强度比分析 ···························· 52
 6.2 干缩试验 ··· 54
  6.2.1 试验方法 ·· 54
  6.2.2 干缩试验结果 ·· 55
  6.2.3 干缩试验结果分析 ·· 59
 6.3 疲劳试验 ··· 62
  6.3.1 疲劳试验方案 ·· 62
  6.3.2 疲劳试验结果 ·· 62
  6.3.3 Weibull 分布检验 ·· 64
  6.3.4 疲劳寿命分析 ·· 67
 6.4 本章小结 ··· 70

第7章 综合性能对比及微观机理研究 ······························ 72
 7.1 基于雷达图的综合性能评估 ································· 72
  7.1.1 评估体系的构建 ··· 72
  7.1.2 雷达图模型 ··· 73
  7.1.3 雷达图结果分析 ··· 74
 7.2 破坏机理分析 ··· 75
  7.2.1 破坏模式 ·· 75
  7.2.2 微观破坏分析 ·· 76
 7.3 胶结机理分析 ··· 78
  7.3.1 试验方法 ·· 78
  7.3.2 XRD 试验结果 ··· 78
  7.3.3 SEM 试验结果 ··· 79
 7.4 本章小结 ··· 82

第8章 水泥稳定掘进煤矸石基层工程实践 ·························· 83
 8.1 工程应用研究 ··· 83
  8.1.1 工程概况 ·· 83
  8.1.2 施工工艺 ·· 83
  8.1.3 现场取芯 ·· 84
 8.2 基于振动法的级配设计 ······································· 86

  8.2.1　级配优化 ………………………………………………………… 86
  8.2.2　振动击实及振动成型试验方法 …………………………………… 87
  8.2.3　振动击实试验结果及分析 …………………………………………… 88
 8.3　力学性能 ……………………………………………………………………… 88
  8.3.1　无侧限抗压强度 ……………………………………………………… 88
  8.3.2　劈裂抗拉强度 ………………………………………………………… 90
 8.4　抗冻性能 ……………………………………………………………………… 91
  8.4.1　抗冻试验结果及分析 ………………………………………………… 91
  8.4.2　微观结构 ……………………………………………………………… 93
 8.5　经济效益分析 ………………………………………………………………… 94
 8.6　本章小结 ……………………………………………………………………… 94

附录：《公路水泥稳定掘进煤矸石基层施工技术规范》DB41/T 2390—2023 ………… 96

参考文献 ………………………………………………………………………………… 103

第1章

绪　　论

本章主要阐述煤矸石研究背景和意义，总结分析煤矸石国内外研究现状，并根据煤矸石的材料特性、工程应用现状制定研究内容及技术路线。

1.1　研究背景和意义

我国是典型的"富煤、贫油、少气"的国家，来自国家统计局的数据显示，2022年全国原煤生产量高达44.96亿t，占一次性能源生产总量的67%。这一现状决定了煤炭将在一次性能源生产和消费中占据主导地位且短期内不会改变。在对煤炭资源的利用过程中会产生一种含碳量低、相对较为坚硬的黑色岩石：煤矸石，其本质是在煤炭开采及加工过程中排出的固体废弃物，通常就地就近堆放于煤矿周围，并由此形成巨大的煤矸石山，是工业废渣中排放量最大、占地最多、污染环境较为严重的固废之一。煤矸石的大量堆积，不仅压占土地，存在滑坡、泥石流等地质灾害隐患，而且易自燃，排放有害气体，污染周围土壤和地下水，严重威胁周边的生态环境及居民生命财产安全，已成为积极推进碳达峰碳中和工作的一大阻碍，制约着当地经济社会的绿色转型发展。

针对如此巨大的煤矸石堆存量与年排放量以及由此产生的各种生态环境和经济社会发展问题，国家提出坚持规模利用和高值利用相结合的方针，制定了一系列政策以促进煤矸石资源化再生利用；广大科研工作者不断创新煤矸石综合利用方式，成功将煤矸石应用于发电供热、烧制陶瓷砖块、水泥生产、工程填充材料等方面，大幅提升了煤矸石综合利用水平。而从公路工程建设的角度看，煤矸石是一种棱角分明、有着一定粒径组成和分布规律的集料，将其作为道路工程材料替代石料，一方面避免了开山挖石，保护当地生态环境，另一方面可进一步促进煤矸石的资源化利用，提高其综合利用效能，社会效益和经济环境效益显著。由此，煤矸石的应用逐步拓展到道路路基填筑、水利工程堤坝及地基、垫层等方面，但其高值化利用水平仍不高。

为拓宽煤矸石的应用层位，提升其高值化利用水平，部分学者尝试以煤矸石替代碎石形成无机结合料稳定煤矸石混合料，用以铺筑道路基层。试验结果显示，与原有的无机结合料稳定碎石相比，煤矸石混合料的强度较低，易开裂，水稳定性不足，同时，煤矸石自身也存在膨胀量大、崩解性强、稳定性差等问题，导致煤矸石基层多集中应用于低等级公路。此外，不同产地的煤矸石往往具有较大的性质及组成差异，使得各地煤矸石的应用经验难以推广，相关技术标准不好统一，这进一步抑制了煤矸石的应用范围与利用价值。究其原因，煤矸石的工程应用瓶颈是其独特的材料特性所导致的，如低强度、多孔、含碳量大等。因此，改善煤矸石混合料的材料特性，提升其路用性能是推动煤矸石更广范围综合利用的前提，而我国即将建设的众多高速公路则为煤矸石的规模化、高值化应用提供了重要的平台。

2021年《中华人民共和国国民经济和社会发展第十四个五年规划和2035年远景目标纲要》提出要加快建设交通强国，提升国家高速公路网络质量，新改建高速公路2.5万km；2022年《河南省加快交通强省建设的实施意见》明确要求建成"十六纵十六横六联"高速公路网和广覆盖、深通达的普通公路网。面对规划的大批量高速公路建设工程，采用传统的半刚性基层需要大量的碎石材料，不得不更多地开山挖石，进一步加重天然石料的消耗，破坏原有生态平衡。而我国拥有众多煤矿区，煤矸石存量巨大。因此，若采取一定措施提升煤矸石的路用性能使其满足高速公路基层建设要求，不仅避免开山挖石，减少环境破坏，而且提升材料应用层位，有利于解决煤矸石在高速公路基层结构中应用的技术难题，拓宽其综合应用范围，在理论及实际层面产生一定的社会和经济环境效益。

一般来说，无机结合料稳定材料的路用性能由材料特性、级配组成、压实水平等内外部因素共同决定，其中，从材料特性入手增强其强度是提升路用性能的重要方式之一。基于此，本书选择从巷道掘进所产生的煤矸石作为研究对象，与煤层开采所产生的煤矸石和洗选煤矸石相比，它具有含碳量低、热值低、压碎值较小等特点，工程特性更为优异。同时，考虑煤矸石本身强度较低，采用掺加碎石的方式对煤矸石混合料进行改性，改变其材料组成，由两者共同构成骨架结构以承受更大的作用力。在充分了解材料物理化学性质的基础上，将碎石以比例替换和粒径替换掺入混合料中，形成水泥稳定煤矸石-碎石混合料，基于力学及耐久性能试验定量分析碎石改性的实际效果，建立混合料力学性能指标间的预测模型，通过微观手段分析混合料的破坏机理，揭示混合料宏观性能差异表现的内在机理，并基于雷达图模型评估混合料的综合性能进而推荐适合高等级公路基层结构的掺配方式，为煤矸石增加应用场景，实现高值化利用提供一定的参考。

1.2 国内外研究现状

1.2.1 煤矸石工程应用现状

在煤炭资源的开采及加工过程中，世界各地都面临着煤矸石的大规模堆积及其导致的经济环境问题，这促使相关国家越来越重视对煤矸石综合利用的研究。1930年之前发达工业国家就初步探讨了煤矸石的相关工程特性，到1960年后，随着能源需求的旺盛，对煤矸石利用的研究进一步深入开展，而基础设施的修建特别是道路交通领域由于可大宗利用煤矸石，既满足建设要求又能节约成本、保护环境，受到研究人员广泛关注。

在英国，煤矸石被证明是一种优质的工程材料并得到广泛应用，范围涵盖公路路堤、水利工程堤坝及其他土建工程。如将煤矸石破碎筛分后应用到混凝土中，制备出低强等级的混凝土成品；或把煤矸石与土矿物、结合料等按一定比例混合后制成简易的防滑路面。

法国的煤矸石主要用于建筑材料中，通常需先将煤矸石破碎后按粒径级配进行等级划分，之后根据需求及建筑特点将其应用于停车场和空地的建设或装饰公共场地的表面。同时，他们还将煤矸石作为道路建筑材料用来铺筑路基，取得了良好的效果。

美国则将煤矸石大宗化利用于筑路材料方面，尤其是利用燃烧过的煤矸石铺筑道路，是目前主要的途径之一，如宾夕法尼亚州通过试验验证煤矸石可作为沥青混合料中的集料，并将其应用于路面修补工程。苏联则将这种已燃煤矸石用于沥青混凝土路面之下双层垫层的底层，保证混合料的质量且降低成本50%以上；同时将煤矸石磨成石粉后用于道路工程中，结果显示路面的耐久性有所提升，路用性能得以增强。

此外，部分欧美国家在论证了煤矸石路基和基层应用可行性的基础上，将其应用于众多工程中：英国运输部将自燃煤矸石铺筑于道路底基层。法国 Amiens 公路网、德国 Ruhr 公路网、英国 Nottingham 地区干线公路和 Gateshead 高速公路都采用了煤矸石铺筑道路路基。美国、德国、荷兰等在煤矸石的综合利用方面相对较广，并结合长期工程实践经验，制定了对应的技术标准。

在我国，煤矸石因其具有易获取、易加工、成本低、存量大以及综合利用效益明显等特点得到了有关部门的重视。就道路工程而言，煤矸石主要作为填充材料替代土，应用于路基填筑、台背回填等方面。随着对材料特性的认识逐步深入，目前煤矸石的应用层位已由最初的低等级道路拓展到高等级公路，在众多高等级公路的路基工程中取得成功，国内煤矸石工程应用案例如表1.1所示。在此基础上，部分省份出台了路用煤矸石的规范，如吉林省地方标准《寒区公路工程煤矸石应用技术指南》DB22/T 2062—2014、河北省地方标准《高速公路煤矸石填筑路基施工技术规程》DB13/T 5054—2019 等，有力指导了煤矸石在道路领域中的应用。

国内煤矸石工程应用案例　　　　表1.1

年份（年）	工程名称	工程概况
2005	平顶山至临汝高速公路	K18+000～K28+200 标段使用煤矸石作为路基材料
2007	济源至东明高速公路获嘉至新乡段	采用煤矸石铺筑路基
2008	阳泉307国道复线路面工程第一合同段	采用水泥稳定煤矸石替代水泥稳定砂砾铺筑路面底基层
2011	黑龙江依兰至七台河高速公路	项目 K102～K117 共 15km 的路段全部采用煤矸石作为高速公路路基填筑材料
2012	蚌埠至淮南高速公路	项目第5标段 K28+560～K29+003，GLK0+000～GLK+291 采用煤矸石填筑路基
2014	灯塔市至沈阳辽中县高速公路	项目 K24+400～K34+200 和 K37+677～K41+312 段路床顶面 80cm 下采用煤矸石填筑路基
2015	济宁至祁门高速永城段	用煤矸石替换白灰土填筑桥涵台背路基
2016	鹤岗至大连示范高速小沟岭至抚松段D设计段	采用工程沿线的已燃煤矸石经水泥稳定后铺筑水泥稳定煤矸石底基层示范路段
2017	淮北 S203 淮六路连接线	采用淮北水洗煤矸石铺筑路基
2018	国道307清徐段改线工程	以当地丰富煤矸石作为附近路段的路基填料
2020	京沪高速莱芜至临沂（鲁苏界）改扩建工程试验段	右幅 K493+050～K493+230 及右幅 K493+270～K493+330 段采用煤矸石铺筑路基
2023	宁夏乌海至玛沁高速公路惠农至石嘴山段	项目四标段采用煤矸石整体填筑高速公路路基

综上所述，煤矸石在国内外道路工程方面已有较为成熟的应用，但多作为填充材料铺筑路基，在高等级公路基层结构的应用尚不多，且所用煤矸石多为水洗煤矸石，相较于掘

进煤矸石，其质地较软、集料强度不足，限制了煤矸石在高等级路面基层结构中的应用。此外，我国幅员辽阔，不同地域对基层路用性能的要求不尽相同，如东北地区更关注基层的抗冻性能，华南地区更重视基层的水稳定性，而西北地区则更考虑基层的干缩温缩状况。因此，对于煤矸石在基层材料中的应用需充分考虑其地域特点，建立适用于当地基层性能要求的煤矸石高值化利用途径。

1.2.2 煤矸石材料特性研究现状

目前，对于煤矸石材料特性的研究已有众多成果，涉及路用性能的多集中于煤矸石的压实特性、强度特性、评价参数、火山灰反应等方面。国外学者 Rujikiatkamjorn、Zhang、Vo T L 利用不同应力对不同粒径的煤矸石做了压实试验，结果显示煤矸石的级配组成显著影响其可压密程度，较低的密度使得煤矸石的最大干密度也较低，随着细小颗粒含量的增加，分形维数逐渐增大并趋于定值；姜振泉研究了煤矸石集料的破碎特性及压实作用，发现煤矸石在压密后发生较大比例的软岩破坏，颗粒级配显著改变；在此基础上，刘松玉探讨了煤矸石颗粒破碎及其对力学特性的影响，通过三轴试验建立了煤矸石的强度包线，并获取了煤矸石的抗剪强度与粗粒含量之间的关系，同时建立了适用于煤矸石的强度和变形本构关系；李东升进一步对抗剪强度进行分析，探讨了含水率、密实度对煤矸石剪应力-剪位移曲线及抗剪强度参数的影响，研究认为相较于含水率，试件的干密度对于煤矸石的黏聚力和内摩擦角影响更显著；而闫广宇研究发现粉煤灰的掺入可提升煤矸石集料的击实特性并改善煤矸石混合料的力学性能；时成林主要关注煤矸石的液塑限、CBR、压碎值和活性等参数，并根据试验结果将煤矸石分为两个等级，提出了基层用煤矸石的路用分级指标；戚庭野将机械破碎后的煤矸石粉末置于 $Ca(OH)_2$ 溶液中，验证了碱性条件下煤矸石火山灰反应的存在；Chen、于聪则通过 SEM 和 XRD 测试观测到了火山灰反应的发生，认为该反应对混合料后期强度的提升有着增益作用。

总的来说，煤矸石是一种优劣势明显的路用集料，密度小、压碎值高、坚固性弱、烧失量大等是其主要的缺点，但同时又含有石英、高岭石等矿物成分，具备工程集料的巨大潜力，更重要的，煤矸石中存在 SiO_2 和 Al_2O_3，这将有利于火山灰反应的进一步发展，进而扩大混合料后期强度的提升空间。

1.2.3 煤矸石混合料基层应用

由于煤矸石的矿物组成、化学组分、岩性性质存在差异，煤矸石在工程中可能存在膨胀崩解、水稳性不足等不利因素，若将煤矸石应用于道路基层就应重点关注其力学特性、配合比设计、耐久性及长期性能追踪等方面，基于此，研究人员着眼于混合料的路用性能，通过改变胶凝材料的种类及掺量、粒径级配等，分析煤矸石混合料各项路用性能的变化情况，并取得相应的一些成果。

部分学者对煤矸石混合料的某一性能进行研究，探讨了结合料的用量、种类与该性能的联系，主要包括：（1）抗压强度：黄祖德分析了水泥、石灰、粉煤灰的掺量对煤矸石混合料抗压强度的影响：强度随粉煤灰和水泥掺量的增大而明显增大，而石灰掺量过大会抑制强度的提升；牛小玲针对水泥稳定煤矸石混合料开展了击实试验及无侧限抗压强度试验,结果显示采用6%水泥稳定10%石粉和90%煤矸石,强度可达3.7MPa,满足底基层强度要求;祝小靓采用掘进煤矸石制备水泥稳定煤矸石并测试了不同水泥掺量的7d抗压强度,结果表明随着水泥掺量的增加,试件强度的增加先快后慢,4%水泥稳定掘进煤矸石的强度可达4MPa,满足高等级公路基层结构要求。(2)抗弯性能:Zhang测试了水泥稳定煤矸石混合料的弯拉性能,发现煤矸石混合料的弯拉性能满足基层结构要求,且与水泥用量呈正相关,同时建立水泥用量与弯拉强度及弯拉模量之间的线性模型;煤矸石混合料的劈裂强度试验发现,当水泥和石灰掺量较小时,粉煤灰将降低煤矸石混合料的劈裂强度,而过高的石灰掺量也不利于混合料的劈裂强度。(3)抗冻性能:牛清奎、周梅研究了二灰稳定煤矸石的冻融性能,发现单独使用二灰作为胶凝材料不满足冻融强度要求,但掺入水泥后可显著提高抗冻性能;An通过试验验证了水泥稳定煤矸石具备良好的稳定性及抗冻性能;王新溢基于CT扫描技术分析二灰稳定煤矸石混合料的冻融损伤特性,结果表明二灰稳定煤矸石具有优良的抗冻性能,冻融后试件的微损伤主要来自二灰胶结料。(4)干缩温缩:苏跃宏开展的水泥稳定煤矸石耐久性能的试验结果显示,试件的干缩失水主要发生在前10d,混合料的温缩应变随温度的降低而增大,5%水泥掺量的煤矸石混合料的温缩性能最优异。

然而,单一的工程特性不足以评估混合料的整体状况,为此,研究人员尝试综合评估煤矸石混合料的路用性能。Cao对比了水泥、石灰、粉煤灰稳定煤矸石混合料的力学及耐久性能,结果表明无机结合料稳定煤矸石适用于三级公路基层,且以水泥或石灰粉煤灰作为胶凝材料效果最佳,并推荐了各无机结合料的最佳掺量;于玲综合评估了不同配合比的煤矸石混合料的强度、冻融、干缩、温缩性能,推荐水泥:石灰:粉煤灰:煤矸石=2:10:28:60为最佳配比,满足当地底基层的建设要求;Li制备了不同水泥剂量(3%~6%)的水泥稳定煤矸石混合料,考察其抗压强度、劈裂强度、冻融及干缩性能,结果显示水泥剂量为4%时混合料具备更高的强度增长率和更低的干缩应变,水泥的水化反应和煤矸石的火山灰反应是混合料粘结强度的重要来源;武昊翔对比水泥稳定煤矸石和二灰稳定煤矸石的路用性能,发现水泥稳定煤矸石的回弹模量、抗冻性能和水稳定性优于二灰稳定煤矸石,两者强度随龄期的增长规律与其他半刚性基层类似;Guan通过水泥稳定煤矸石和水泥稳定碎石的比较发现,水泥稳定煤矸石的最大干密度和最佳含水率均小于水泥稳定碎石,其7d无侧限抗压强度满足二级及以下公路基层结构的要求。

综合来看,无机结合料稳定煤矸石混合料的强度及耐久性虽满足低等级道路基层结构的基本要求,但适用层位较低,各地煤矸石混合料的试验结果相差较大,难以直接借鉴胶凝材料掺量、配合比设计结果等,且对于胶凝材料的研究集中在水泥、石灰、粉煤灰等传统胶凝材料,存在一定的局限性。而随着对煤矸石混合料特性研究的深入,研究人员开始尝试对煤矸石进行改性处理,主要集中于开发新胶凝材料、活化煤矸石、改善集料特性等方面。

1.2.4 改性煤矸石混合料

1. 开发新胶凝材料

目前,对于新胶凝材料的研究多集中在碱激发矿渣、电石渣、赤泥、脱硫石膏等方面,其目的均是增强混合料的火山灰反应,提升混合料的路用性能,如Wang利用碱激发矿渣作为胶凝材料制备煤矸石混合料，试验发现随着碱当量的增加，混合料的抗压强度先增大后减小，在3%剂量时7d强度可达4.69MPa，有效提升混合料的应用范围；刘晓明将拜耳法赤泥与粉煤灰混合制备结合料，用其稳定煤矸石混合料后7d抗压强度可达到6MPa，大幅提升混合料的受力性能；马璐璐以赤泥、粉煤灰、脱硫石膏及一种碱性固体废弃物外加剂作为胶凝材料稳定煤矸石，测试其7d抗压强度为4.18MPa，可应用于高等级公路重载交通，且胶凝材料中存在的强碱性环境，显著增强了火山灰反应；Cai讨论了电石渣和粉煤灰稳定煤矸石混合料的力学特性，结果表明混合料具有较高的强度增长潜力，在180d内仍可保持增长；延常玉、童彧斐在煤矸石混合料中掺炉渣研究其力学及抗冻特性，发现炉渣的化学活性高于煤矸石，可为后期的火山灰强度提升提供足够的活性物质。

2. 活化煤矸石

将煤矸石活化可显著激发煤矸石中的活性物质，促进水化反应及火山灰反应的发展，目前常用的活化方式包括：物理活化、化学活化及微波活化，这些方式在混凝土领域得到了较多应用，但在煤矸石混合料的研究中尚不多，仅少数学者得到了相关成果：程松林采用机械活化和热活化相结合的方式活化煤矸石，结果显示复合活化可显著提高煤矸石活性，提升混合料的强度及抗冻性能；敖清文将活化后的煤矸石替代部分水泥，作为水泥稳定碎石的胶结料，发现活化煤矸石替代40%水泥时，对混合料的增益最大，且显著提升早期强度增速；类似的，Wang研究煅烧煤矸石粉对于粉煤灰的替代，为将其应用于煤矸石混合料中提供借鉴。

3. 改善集料特性

集料是决定煤矸石混合料强度优劣的关键因素，煤矸石的低强度限制了煤矸石混合料的高值化利用，因此，从集料角度对混合料进行改性愈加受到关注。一些学者通过外掺纤维或纳米SiO_2进行改性：李永靖在水泥粉煤灰稳定煤矸石中掺入聚丙烯纤维，有效改善了混合料的劈裂强度和干缩性能；储安健进一步在聚丙烯纤维煤矸石混合料中掺加纳米SiO_2，发现纳米SiO_2有利于抗压强度和水稳定性，最佳掺量为2.5%；此外，玻璃纤维、钢纤维、聚乙烯醇纤维等也被应用于煤矸石混合料中。也有学者采用碎石替换的方式制备水泥稳定煤矸石-碎石混合料，但研究成果较少，且主要集中在力学特性及部分耐久性能方面，如Guo在水泥稳定煤矸石中掺入一定量的碎石制成水泥稳定煤矸石-碎石混合料，其7d抗压强度可达5MPa，满足高等级公路基层结构要求；李明将2.36～13.2mm的碎石替换为煤矸石，测试水泥稳定煤矸石-碎石混合料的抗压强度和劈裂强度，结果显示混合料的抗压强度大于5MPa，且煤矸石在含量43%时综合性能最好；刘乃成讨论了水泥稳定煤矸石-碎石混合料的力学强度、水稳定性和抗冻性能，验证该混合料应用于高等级公路基层的可行性。

1.2.5 存在的主要问题

综合上述工程实例及国内外现有研究成果可以看出，煤矸石已成功应用于高等级公路路基及低等级公路基层的铺筑中，形成了众多典型的工程应用案例，产生了显著的社会和经济环境效益。在此基础上，针对水泥稳定、二灰稳定、新胶凝材料稳定等多种稳定煤矸石混合料，关注混合料组成设计、结合料类型及掺量、集料性能评价参数、煤矸石火山灰效应激发等方面，较为系统地研究了煤矸石混合料的力学及耐久性能变化，为将煤矸石作为一种集料应用于道路基层提供了依据。少数学者针对煤矸石-碎石混合料开展了研究，结果显示混掺后的路用性能得到了提升，满足高等级公路基层的材料要求，这拓宽了煤矸石的综合化利用场景，也为本文的研究开展提供了重要的参考。但现有的研究成果也存在以下相对不足之处：

（1）煤矸石的物理特性、化学组成等因产地的不同而有巨大差异，导致不同地区煤矸石混合料的路用性能区别显著，现有试验多在当地选材，研究对象集中在开采煤矸石、水洗煤矸石等材料，如何结合煤矸石的地域特点开展属地煤矸石材料的高值化应用，仍有待进一步研究。

（2）部分针对水泥稳定煤矸石-碎石混合料的研究也主要集中在短期力学特性及部分耐久性能的探讨，缺乏对材料长期性能的观测及讨论，特别是在长期力学特性及疲劳性能的演化等方面认知还存在不足。

（3）室内试验和理论分析的结合不够紧密，评价指标偏向静态力学指标，缺乏对动态回弹模量等动态指标的分析，且尚未完全建立基于水泥稳定煤矸石-碎石材料的有效力学指标预测模型及其转换关系，同时对碎石和煤矸石发生破坏时的差异也鲜少涉及，其破坏方式仍未完全明确。

（4）缺乏利用科学评价方式和模型对水泥稳定煤矸石-碎石各项路用性能进行综合评估，对于不同掺配方式下混合料所表现出的差异性能的微观机理也较少涉及，煤矸石和碎石在其中承担的差异性作用尚不很清楚。

1.3　研究内容及技术路线

1.3.1　研究内容

本书以鹤壁地区掘进煤矸石材料性能研究为切入点，基于宏观试验及微观结构分析，全面考察原材料的物理化学特性，在此基础上通过变换碎石掺量和替换粒径组成两种改性方式，优选材料组成设计制备水泥稳定煤矸石-碎石混合料，重点针对其力学特性、耐久性和疲劳性能开展研究，综合评估混合料各项性能并基于微观视角揭示混合料宏观性能差异的内在原因，为最终应用于高等级公路基层结构提供一定参考。具体研究内容如下：

1. 煤矸石原材料特性研究

选取鹤壁地区经破碎、筛分、分档处理后的掘进煤矸石（下文中提及的煤矸石均为掘进煤矸石）作为研究对象，对其展开系列室内试验研究，并借助微观分析手段考察其内部结构和化学组分，主要包括：煤矸石密度、吸水率、耐崩解性、膨胀性、压碎值、烧失量、矿物组成、化学组成、孔隙率、微观形貌等物理力学特性及微观结构变化。同时对比煤矸石和天然碎石在物理力学、微观结构上的变化特征，为后续混合料性能测试奠定基础。

2. 煤矸石混合料组成设计及力学特性研究

依据筛分试验结果及相关设计规范制备不同级配的骨架密实型水泥稳定煤矸石混合料，以 7d 无侧限抗压强度为标准优选合理的级配组成；在此基础上，分别以比例替换和粒径替换方式掺加碎石，固定水泥掺量 4%，通过击实试验确定最大干密度和最佳含水率，进而开展 7d、28d、90d 无侧限抗压强度试验和动态抗压回弹模量试验，分析水泥稳定煤矸石-碎石混合料的力学特性演化规律，构建煤矸石混合料强度增长预测模型，实现力学评价指标无侧限抗压强度与动态抗压模量之间的转换。

3. 水泥稳定煤矸石-碎石混合料耐久性能及疲劳特性研究

综合考虑单个龄期下的无侧限抗压强度试验结果、不同龄期下的强度涨幅、《公路路面基层施工技术细则》JTG/T F20—2015 要求的强度设计指标及煤矸石利用水平等因素，优选出合适的碎石掺量比例和粒径替换方式作为后续的研究对象；进而对混合料开展冻融循环试验、干缩试验和四分点小梁弯曲试验，评估混合料的抗冻性能、干缩性能和疲劳性能。

4. 综合性能评估及作用机制分析

基于雷达图模型，综合考虑混合料的力学特性、耐久性能、疲劳性能及经济效益，全面评估各掺配方式的优劣，并推荐最适合的掺配方式；结合宏观破坏过程及微观测试结果，对混合料的破坏机理进行分析，明确混合料的破坏方式；利用 SEM 测试和 XRD 测试对不同掺配方式的混合料进行研究，揭示混合料的胶结机理并阐释混合料宏观性能变化的内在机制。

1.3.2 技术路线

技术路线图如图 1.1 所示。

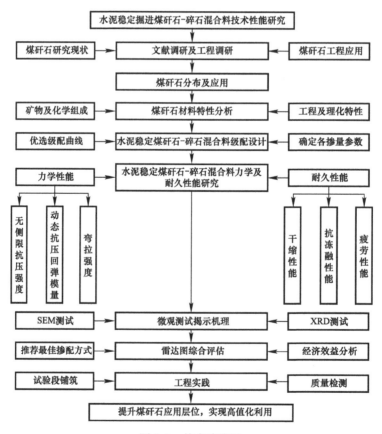

图 1.1 技术路线图

第2章

煤矸石的分布及应用

本章主要介绍河南省煤矸石的分布、煤矸石的分类及其在交通领域及其他方面的应用,以便对工程实践提供参考。

2.1 河南省煤矸石的分布

2.1.1 资源较丰富,以焦煤、无烟煤为主

河南省煤炭资源丰富,煤田分布带明显,是我国重要的产煤省份。目前,河南省煤炭保有量为617.78亿t,全国排名第六位,主要分布于豫北、豫西和豫东地区。河南基地是全国十四大煤炭基地之一,拥有鹤壁、焦作、义马、郑州、平顶山和永夏六大矿区,河南省煤炭分布情况如图2.1所示。

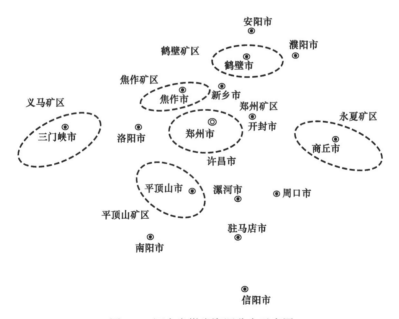

图2.1 河南省煤炭资源分布示意图

河南省煤炭资源总量丰富,品种齐全,河南省主要以焦煤(中变质烟煤)、无烟煤为主,分别占资源总量的70.53%与28.98%,各个煤种资源量及占比详情如表2.1所示。从煤炭用途看,河南涵盖炼焦煤(中变质烟煤)、无烟煤和动力煤,炼焦煤,具有中低挥发分、较高粘结指数的特点,煤质较好,炼焦煤煤质情况如表2.2所示;无烟煤主要产自焦作、郑州和

永城地区；动力煤多集中于郑州及义马地区；河南主要煤种资源分布如表2.3所示。

河南省煤种资源量及占比   表2.1

煤种	褐煤	低变质烟煤	中变质烟煤	高变质烟煤无烟煤	合计
资源量（亿t）	—	3	435.72	179.06	617.78
占比（%）	—	0.49	70.53	28.98	100

河南炼焦煤（中变质烟煤）煤质情况   表2.2

矿区名称	所在县市	煤种	灰分 Ad（%）	硫分 St,d（%）
平顶山	平顶山、许昌、汝州、襄县、汝阳县	气、1/3焦、肥、焦煤	8.72～35.50	0.24～7.58

河南主要煤种资源分布   表2.3

煤种	区域
低变质烟煤	义马
中变质烟煤	平顶山、韩梁、朝川、安阳、鹤壁、宜洛、陕渑、禹县、新安、济源、临汝、确山
贫煤、无烟煤	焦作、新密、登封、济源、偃龙、荥巩、永夏、鹤壁九矿、确山、商城

2.1.2 中小煤矿居多，产能集中度较高

1. 中小煤矿占比大，煤矿平均单井产能低

截至2018年年底，河南省内生产煤矿共188座，其中500万t/年及以上煤矿1座，120万～500万t/年煤矿41座，30万～120万t/年煤矿97座，30万t/年以下煤矿49座。2018年河南省退出小型煤矿24座，但规模在120万t/年及以下煤矿数量占比仍达77.66%，煤矿整体规模偏小。2018年全国煤矿平均产能达到92万t/年，河南省煤矿平均产能仅为77.87万t/年，煤矿平均产能低，生产效率有待进一步提高，河南省煤矿数量及产能如表2.4所示。

河南省煤矿数量及产能   表2.4

产能	500万t/年及以上	120万～500万t/年	30万～120万t/年	0～30万t/年	合计
煤矿数量（座）	1	41	97	49	188
数量占比	0.53%	21.81%	51.60%	26.06%	100.00%
煤矿产能（万t/年）	500	8418	4913	807	14638
产能占比	3.42%	57.51%	33.56%	5.51%	100.00%

2. 煤炭产能集中于重点企业与城市

从企业看，河南省内重点煤炭企业包括河南能源化工集团有限公司、中国平煤神马能源化工集团有限责任公司、郑州煤炭工业（集团）有限公司和河南神火集团有限公司，其中河南能源化工集团有限公司和中国平煤神马能源化工集团有限责任公司分别位居2019年全国煤炭企业煤炭产量50强第12位、第22位。河南能源化工集团有限公司、中国平煤神马能源化工集团有限责任公司、郑州煤炭（集团）有限公司与河南神火集团有限责任公司2018年省内产能分别为5396万t/年、3717万t/年、2211万t/年与702万t/年，共

占全省产能的 82%,四大集团在河南省内煤炭产能如图 2.2 所示。

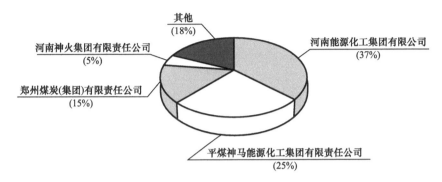

图 2.2 四大集团河南省内煤炭产能

从地区看,河南省煤炭产能主要集中在郑州、平顶山、商丘、三门峡、许昌和洛阳市,2018 年六地产能占全省产能的 86.45%,2018 年河南省各地区煤炭产能如图 2.3 所示。

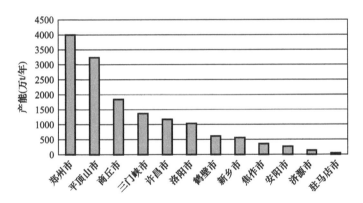

图 2.3 2018 年河南省各地区煤炭产能(万 t/年)

2.2 煤矸石的分类

2.2.1 按成分分类

根据成分对煤矸石进行分类,参考《煤矸石分类》GB/T 29162—2012,具体分类如表 2.5 所示。

煤矸石分类 表 2.5

煤矸石分类	按全硫含量分类	低硫煤矸石	全硫含量≤1.00
		中硫煤矸石	1.00<全硫含量≤3.00
		中高硫煤矸石	3.00<全硫含量≤6.00
		高硫煤矸石	6.00<全硫含量

续表

煤矸石分类	按灰分产率分类	低灰煤矸石	灰分产率≤70.00
		中灰煤矸石	70.00＜灰分产率≤85.00
		高灰煤矸石	85.00＜灰分产率
	按灰成分分类	钙镁型煤矸石	钙镁含量＞10
		铝硅型煤矸石	钙镁含量≤10
	按铝硅比分类	低级铝硅比煤矸石	铝硅比≤0.30
		中级铝硅比煤矸石	0.30＜铝硅比≤0.50
		高级铝硅比煤矸石	0.50＜铝硅比

随着煤炭工业的不断发展，煤矸石的排出量也越来越多，其综合利用的范围也愈加广泛。通过深度加工，综合利用煤矸石中的有用的矿物，以供建筑、化工、冶金、医药等工业的发展需求，充分做到物尽其用。因此，根据煤矸石不同的性质和工艺性能，有必要划分类别，以作为规划和使用的基准。

2.2.2 按来源分类

根据我国煤矸石来源的实际情况，煤矸石类型划分是以煤矸石产出方式作为划分依据，并采用生产中一些习惯叫法命名，将煤矸石分为煤巷矸、岩巷矸、自燃矸、洗矸、手选矸和剥离矸六大类。

（1）煤巷矸：煤矿在井巷掘进过程中，凡是沿煤层掘进工程所排出的矸石，统称煤巷矸。煤巷矸的特点是排量大，且常有一定的含碳量及热值。

（2）岩巷矸：煤矿在井巷掘进过程中所排出的矸石，统称岩巷矸。这类矸石的特点是岩种杂，排量集中，含碳量低，有的根本不含碳。

（3）自燃矸：凡是堆积在矸石山经过自燃的矸石统称为自燃矸。这类矸石一般呈红褐色，灰黄色及灰色，以粉砂质泥岩及泥岩居多，其烧失量低，且有一定的活性。因其性能特殊且用途亦与其他矸类不同，故单独划为一类，与其他四类并列。

（4）洗矸：原煤洗选排出尾矿的过程称为洗矸。洗矸排放集中，粒度小，高热值，黏土矿物含量高，碳、硫和铁含量普遍高于其他类型的废石。

（5）手选矸：此类矸石是混在原煤中产出，在井口或选煤厂由人工拣出的矸石。手选矸具有一定的粒度，排量小，热值变化较大。此外，在手选矸石的同时，一些与煤共生、伴生的矿产资源往往亦同时选出。

（6）剥离矸：煤矿在露天开采或基建初期，煤系上覆岩层因剥离而排出的矸石，称为剥离矸石。其特点是岩种杂，一般无热值，目前多用来填沟造地，有些剥离矸石中还有大量共生矿产。

2.2.3 按自然存在状态分类

在自然界中，煤矸石以新鲜煤矸石（风化煤矸石）和自燃煤矸石的两种形式存在，这两种废石的内部结构有很大的差异，因此其胶凝活性差异很大。

(1) 新鲜矸石（风化煤矸石）指叠加后，在自然条件下，大风、降雨，使块结构分解为煤矸石粉结构，经过多年的缓慢沉积在表面，这种煤矸石结构的晶体结构是稳定的，原子、离子、分子按照一定的规则排列，粒子活性较低或基本上没有活性。

(2) 自燃煤矸石指堆叠在一起，在一定条件下，燃烧后的煤矸石。一般自燃煤矸石是红色的，也被称为红矸。燃烧后，自燃煤矸石的碳含量大大减少，其内的二氧化硅和氧化铝含量显著增加，类似于煤渣、浮石、煤矸石等材料，也是一种火山灰质材料。

2.2.4 按利用途径分类

煤矸石的性质决定着煤矸石资源化的途径，因此对煤矸石的组分及性质进行分类，将有利于选择最佳的资源化利用途径，更好、更有效地利用煤矸石资源。利用煤矸石层黏土矿物含量对煤矸石的组成和数量进行分类，根据煤矸石内高岭石、蒙脱石和伊利石含量多少，煤矸石可分为高岭土煤矸石、蒙脱土土壤废石、伊利石废物和其他废物的岩石。根据利用煤矸石的方式，作为原材料，或者利用其燃烧产生的热值，煤矸石可以分为以下几类。

利用煤矸石的碳含量决定煤矸石的分类方向，根据煤矸石的固定含碳量分为四个等级，1级小于4%，2级4%～6%，3级6%～20%和4级大于20%。根据岩石矿物成分的特点煤矸石可分为高岭石泥岩（高岭石含量大于50%）、伊利石页岩（伊利石含量大于50%）、碳质泥岩、砂质泥岩、粉砂岩、砂岩和石灰岩。岩石矿物成分差异必然会导致化学性质的差异，根据煤矸石和氧化铝/二氧化硅煤矸石中氧化铝含量的比例可分为高铝黏土、岩体矸石和砂岩三类。

2.2.5 分类分级法

上面分类煤矸石的方法只能反映在一定方面煤矸石的特点与其综合功能。自1980年以来，我国的科学和技术工人为解决我国煤矸石综合利用的问题进行深入研究，借鉴国外经验的同时，提出各种分类方法和分类方案，并提出采用多级分类的方法，希望能够充分反映煤矸石的物理化学和岩石矿物力学特征，为煤矸石的使用提供便捷，其分类方法介绍如下。

(1) 重庆煤炭研究所提出了煤矸石的三级分类和命名法，三级分别为矸类（产出名称）、矸族（实用名称）、矸岩（岩石名称）。根据煤矸石的输出，它可分为洗矸、煤巷矸、岩巷矸、手选矸和剥离矸共五类，最终根据煤矸石矿物类型划分岩石类型。

(2) 中国矿业大学基于研究徐州矿区煤矸石在中国东部煤矸石分类的方案，提出基于使用煤矸石在建筑材料方面的主要方式分类方案。分类指标将岩石类型、铝含量、铁含量和钙含量分为四个等级，除了岩石类型按笔画顺序排列以外，其他三个指标都以含量多少排序，用阿拉伯数字表示排名顺序。序列号是千位数，表示岩石类型的层次结构，反过来，和其他三个指标的等级编号组成一个四位数，为煤矸石分类代码。

(3) 吉林省交通科学研究所与长安大学等单位研究"寒冷地区综合利用煤矸石筑路技术"提出路基采用塑性指数CBR值，基层采用塑性指数、压碎值和活性作为煤矸石材料路用分级指标。分级标准将煤矸石划分为两个等级，一级用于高速公路和一级公路以及其他等级的公路，二级煤矸石只能应用于二级及二级以下公路。

2.3 煤矸石的应用

2.3.1 煤矸石在交通领域的应用

近年来我国交通事业飞速发展，道路的大规模兴建对道路材料的需求量逐年增大。一方面，部分地区集料的开采对生态环境产生了巨大的破坏，与"绿色公路"理念相违背。另一方面，我国对煤矸石的利用率较低，煤矸石作为道路工程材料具有广阔的利用前景。因此，将煤矸石引入道路工程和铁路工程建设中既可解决道路征地取土的难题，又能大量消耗煤矸石，还将会产生巨大的经济、环境和社会效益。公路建设的飞速发展，需要大量的路基材料和路面建筑材料，这就为煤矸石拓展了应用途径。

1. 煤矸石在路基工程中的应用

公路路基是路面的基础，它与路面共同承担汽车荷载的作用，要求路基要有足够的强度和稳定性。随着我国高等级公路的大规模兴建，煤矸石逐步应用于道路工程中。国内学者在煤矸石力学特性及路用性能等方面进行了大量的试验工作，如压实特性、颗粒级配、膨胀和崩解性、抗压及抗剪强度、渗透性和水稳性等。煤矸石是一种与碎石土相似的良好的筑路材料，具有良好的水稳性，煤矸石在公路工程中作为路基填料的应用广泛而重要。煤矸石作为一种常见的尾矿物质，在挖掘和利用煤炭过程中产生，其具有一定的物理力学性质和工程特性，使得它成为公路建设中的可替代填料材料。煤矸石可以用于加固路基，提高路基的稳定性和承载能力。填筑在路基中的煤矸石能够有效地分散荷载，增加路基的强度。通过合理的压实和加固，可以防止路基发生沉降、塌陷等问题，保证道路的安全和稳定。

2. 煤矸石在路面结构中的应用

欧洲学者进行了大量试验论证了煤矸石混合料应用于路面基层的可行性，如：英国运输部的研究人员将自燃煤矸石直接用于道路底基层；美国、德国、荷兰等国家在总结工程实践经验后，制订了相关技术标准，根据标准指导煤矸石混合料的应用；苏联根据煤矸石自身特点、来源和成分等进行分类，依据具体用途进行编号，由分类和编号来规定材料质量要求；德国 Ruhr 公路网、法国北部公路网、英国 Notingham 地区干线公路和 Gateshead 高速公路的基层、底基层均采用了煤矸石混合料。研究人员发现煤矸石存在不稳定性，即存在易风化、崩解的特性，在利用煤矸石作为路面结构层的时候，需要利用石灰、水泥单独对煤矸石进行稳定处理，或者石灰、粉煤灰对煤矸石进行综合加固，掺有煤矸石的基层材料具有良好的抗压强度和抗弯拉强度，大多都可满足多种等级道路基层的强度要求。

3. 煤矸石在铁路工程中的应用

煤矸石在铁路工程方面多应用于填筑路堤或路基。煤矸石经过特殊处理后，压实性、稳定性和吸水性都能满足路基材料的要求，可用于铁路路基的填充材料。且煤矸石堤坝具有良好的抗渗、抗压和抗冻性能，可以将煤矸石用于铁路的路堤堤坝。国内外很早就开始将煤矸石作为填筑材料大量应用于铁路路基或路堤，例如英国 Gloucester Croydon 铁路组编站，Victoria-Brighne 铁路等；国内如淮北矿区铁路工程、蚌埠铁路工程均采用煤矸石填筑路堤和路基。

在淮北矿区铁路工程中将煤矸石用作填筑铁路路基工程中，通过对煤矸石物理力学性能的分析，提出煤矸石填筑路基的施工方法和质量控制；当颗粒级配不良时，需进行填料改良提高路基填筑质量。经铁路工程实践，煤矸石路基符合铁路强度和稳定性要求，有力地保障了铁路安全运输。

在蚌埠铁路工程中用煤矸石回填矿区下沉区，大大减少了碎石用量，降低了养护费用。花家湖煤矿专用线采用附近新集一矿堆积如山的煤矸石作为路基填料，施工时将煤矸石运至工地后，推土机推成每层厚50cm左右，利用20t压路机碾压5～7遍，采用灌砂法检验密实度，合格后再填筑上层。该工程建成后运营至今已8年之久，路基状态良好，汛期从未发生边坡溜坍，也未发现基床翻浆、下沉等病害。

2.3.2 煤矸石在其他方面的应用

煤矸石可应用在许多方面，详细应用见表2.6。

煤矸石的应用　　　　　　　　　　　　　　　　　　　表2.6

类别	主要应用
农业	主要用于肥料基质和改良土壤
建筑	主要用于制砖、配置水泥和混凝土
电力	当热值小于12550kJ/kg时，主要用于发电；当热值4500～12550kJ/kg时，主要用于粉碎掺入煤泥发电或热电联产
回收物质	主要用于回收硫铁矿
制取化工产品	主要制取氯化铝、聚合铝、明矾、白炭黑、水玻璃
工程应用	主要用作公路基和复垦及回填矿井采空区
其他	主要用于烧制陶瓷、炼制硅铝铁合金、作铸造型砂和墙体材料

1. 煤矸石用于发电

煤矸石里含有一定数量的碳和其他可燃物，因此可当燃料使用，但煤矸石所含有的可能物数量极少，煤矸石发电就是利用其储存热量的主要形式，煤矸石是属于一种低热值燃料，所以煤矸石发电的关键就是沸腾炉燃烧技术，在我国沸腾炉燃烧技术已有十几年的历史，在一些方面，已经有了坚实的技术基础，煤石发电也取得了有效的进展既充分地利用了煤石资源，减少了煤矸石对环境的污染，使企业得到了经济效益，经过十几年的发展，使我国的煤矸石发电厂技术逐渐完善，取得了较大的进步。

2. 煤矸石用于化工燃料

煤矸石中含有包含SiO_2、Al_2O_3、CaO、Fe_2O_3、MgO等在内的多种化学元素，这些元素如果加以合理地利用，不但能够很好地对煤矸石进行处理，还可以创造更多的剩余价值。煤矸石中含量最高的化学元素是SiO_2、Al_2O_3。所以在对煤矸石进行处理的过程中，可以使用不同的方法将煤矸石中所有的化学元素进行提取，这些元素应用于化工材料的生产中，同时也可以将其中含有的物质进行超硅的材料的制作中，对于一些含铝较高的煤矸石，所生产的产物有聚合氯化铝、硫酸铝等。

3. 煤矸石用于建筑材料

对于煤矸石的处理，其中最为有效的一种途径是将煤矸石用来制作建筑材料，而用煤矸石制成的建筑材料具有强度高、重量轻、吸水率小等优点，主要用途为制瓦、生产水泥、加气混凝土等，由于煤矸石含有可燃物，可代替黏土制砖，既环保又节能，在选取制砖过程中，应选取碳质含量高的煤矸石，此类煤矸石已碎、成型，有利于制砖，当前制作空心砖前景最为广阔，而且利于保护耕地。在水泥的制作中也广泛地使用煤矸石，这是因为煤矸石制作水泥的成本相对低廉，同时煤矸石中含有一些与黏土近似的成分，因而其可以用在水泥的生产制作过程中。而且将煤矸石应用于水泥制作中的技术已经相当成熟、所生产出来的水泥也能够达到国家标准，可以推广，加大煤矸石的利用。

4. 煤矸石用于农业肥料

煤矸石中大约有15%~20%的锌、铜、锰、硼等微量元素，这些元素也正是植物所需的元素，因此可以将这些微量元素加以应用，应用于制作植物肥料。此外，一些煤矸石中的微量元素远远高于普通土壤，通过一系列的加工工艺，可以生产出有机肥和微生物肥。煤矸石有机肥可以提高土壤的孔隙度和渗透性，有效地调节土壤的pH，实现农作物增产，微生物肥料近些年成为发展绿色食品的新产品，煤矸石微生物肥料生产工艺简单，有利于改善土壤，提高土壤的固氮能力，增强土壤肥力。

5. 煤矸石用作填充物

煤矸石作为填充物是最方便、经济的处理方法。在煤矿中，可避免可能会出现坍塌等问题，在这个时候就可以将煤矸石用作填料，对坍塌的地方进行填补，但是之所以可以直接进行填补是因为煤矸石本身与煤矿如出一辙，不会造成太多的影响，如果要将煤矸石用于其他地方的填充，则需要对其进行无害处理。在对塌陷区进行处理时，应分析塌陷区的地质条件，选择合适的方法进行改造。而且煤矸石还可以在工程中作为填充物利用，例如沉陷公路、堤坝等的填充物，目前来说，煤矸石作为填充物已得到了广泛应用。

2.4　本章小结

本章主要介绍了河南省煤矸石的分布、煤矸石的分类，煤矸石在各领域的应用情况，得出以下结论：

（1）河南省煤矸石资源较丰富，主要以炼焦煤、无烟煤为主，中小煤矿居多，产能集中度较高，主要集中于重点城市和企业。

（2）提出了煤矸石按照成分、来源、自然存在状态、利用途径的分类分级方法，为煤矸石分类及应用提供一定的参考。

（3）介绍了煤矸石在交通领域中路基工程、路面结构、铁路工程中的应用情况，并简单介绍煤矸石在农业、建筑、电力、化工、工程等领域的应用情况，为工程实践提供参考。

第3章

掘进煤矸石材料特性研究

本章主要针对掘进煤矸石的矿物化学成分、物理化学特性以及工程特性进行多尺度试验研究并分析其各材料特性，评估煤矸石作为高等级公路基层材料的适用性，为材料组成设计、耐久性及微观分析做好铺垫。

3.1 掘进煤矸石的组分分析

3.1.1 矿物组成

煤矸石因其开采区域、伴生方式、形成时间等条件的不同，加之地质风化作用的巨大差异，导致其岩石组成较为复杂，主要成分有页岩类、泥岩类、砂质岩类、碳酸盐类和煤粒、硫结核等。从矿物组成上看，大致包含石英、长石、高岭石、方解石、蒙脱石、硫铁矿等，是典型的多种沉积岩组成的集合体。

图 3.1 所示为鹤壁地区经破碎后的掘进煤矸石样品及 XRD 图谱，主要矿物组成为石英、高岭石和伊利石。整体呈现灰色或灰黑色的颗粒结构，相较于煤层开采所产生的煤矸石和洗选煤矸石，质地更坚硬，可承受更大的外加荷载。

图 3.1　掘进煤矸石样品及 XRD 图谱

通过电镜扫描获取了掘进煤矸石的微观形貌，如图 3.2 所示可以看出，煤矸石颗粒呈片状和层状分布，微观结构内含有一些孔状空洞，排列相对疏松，可能造成煤矸石的吸水率偏大、强度偏低。

图 3.2　掘进煤矸石 SEM 图像

3.1.2　化学组成

煤矸石是由多种无机质和有机质组成的混合物，主要包含以硅、铝、铁为主的矿物质元素，如 SiO_2、Al_2O_3、Fe_2O_3 等，此外还含有少量的 CaO、K_2O、MgO 等无机物和微量元素。随着煤矸石中含煤量的增加，对应的碳、氢、氧、硫等元素的含量也逐渐增加，进而导致其工程性能的减弱。选取有代表性的掘进煤矸石材料，采用 X 射线衍射试验测定其化学组成，结果如表 3.1 所示。

鹤壁地区掘进煤矸石化学组成　　表 3.1

化学成分	SiO_2	Al_2O_3	CaO	Fe_2O_3	K_2O	MgO
含量（%）	47.02	21.37	5.85	4.00	2.38	1.03

由表 3.1 可知，试验所用掘进煤矸石的硅铝比在 2～3 之间，硅铝含量适中，火山灰活性物质（SiO_2、Al_2O_3、Fe_2O_3、CaO）占比达 78.24%，火山灰物质含量较高，在混合料成型及养护过程中，具备发生火山灰反应的条件。

3.2　理化特性测试与分析

3.2.1　密度

参照《公路工程集料试验规程》JTG E42—2005 中 T0304—2005 及 T0309—2005 的试验方法，分别测定不同粒径下掘进煤矸石的密度及堆积密度，评估该地区煤矸石的致密性，试验结果如表 3.2、表 3.3 所示。

鹤壁地区掘进煤矸石密度试验结果　　表 3.2

粒径（mm）	表观密度（g/cm³）	表干密度（g/cm³）	毛体积密度（g/cm³）
19～31.5	2.618	2.542	2.501
9.5～19	2.613	2.538	2.472
4.75～9.5	2.612	2.514	2.434

鹤壁地区掘进煤矸石堆积密度试验结果 表3.3

序号	质量（g）	体积（cm³）	堆积密度（g/cm³）	平均值（g/cm³）
1	30400	20000	1.52	
2	29600	20000	1.48	1.49
3	19400	20000	1.47	

由表3.2、表3.3可知，鹤壁地区掘进煤矸石的平均表观密度和平均堆积密度分别为 2.614g/cm³、1.49g/cm³，略低于常用的岩石集料，整体显示出较好的致密性。

3.2.2 吸水性

集料的吸水性是影响成型后混合料水稳定性优劣的重要因素，煤矸石的 SEM 图像显示其内部含有一定的孔洞，将对煤矸石的吸水性产生影响，为此，根据《公路工程集料试验规程》JTG E42—2005 中 T0307—2005 中的试验方法，测定鹤壁地区不同粒径掘进煤矸石的吸水率，试验结果如表3.4所示。

鹤壁地区掘进煤矸石吸水率试验结果 表3.4

粒径（mm）	19~31.5	9.5~19	4.75~9.5
吸水率（%）	1.68	2.14	2.66

由表3.4可知，煤矸石的吸水率与集料粒径呈负相关，集料粒径越大吸水率越小，但仍大于普通碎石的吸水率。试验结果显示煤矸石相较于碎石，有着更大的孔隙率，这或许与煤矸石表面更多的多孔结构相关，导致煤矸石混合料水稳定性可能较差。但该地区掘进煤矸石的吸水率仍小于3%，符合公路工程集料的应用标准。

3.2.3 针片状含量

针片状含量是反映集料棱角性的重要依据之一，当针片状含量较大时，集料的棱角性往往不良，矿料颗粒之间易形成搭接结构，细小颗粒无法完全填充，从而增大集料的空隙，不利于混合料的压实嵌挤形成密实骨架结构。因此，有必要对鹤壁地区掘进煤矸石的针片状含量开展测试，评估其颗粒形状的优劣。参照《公路工程集料试验规程》JTG E42—2005 中 T0312—2005 中的游标卡尺法，测定煤矸石的针片状含量，试验结果如表3.5所示。

鹤壁地区掘进煤矸石针片状含量试验结果 表3.5

粒径（mm）	19~31.5	9.5~19	4.75~9.5
针片状含量（%）	15.6	10.3	13.8

《公路路面基层施工技术细则》JTG/T F20—2015 中规定用于高等级公路基层结构所用集料的针片状含量应小于20%，由此可见，该地区掘进煤矸石满足规范要求，其针片状含量较小，说明集料具有优异的棱角性，有助于混合料稳定性的提升。

3.2.4 耐崩解性

集料的耐崩解性是指岩石集料在浸水、温度等环境条件变化时所表现出的保持整体性的能力，是评估集料是否可用于道路工程材料的重要指标之一。由于形成环境、风化程度等条件的不同，煤矸石中可能含有膨胀类及易崩解组分（如蒙脱土），这就要求必须对煤矸石原材料的耐崩解性进行考察，以保证混合料的强度及稳定性。

参照《公路工程岩石试验规程》JTG E41—2005 中 T0207—2005 中的试验方法，对鹤壁地区掘进煤矸石开展耐崩解性测试，试验结果见表 3.6。

鹤壁地区掘进煤矸石耐崩解性试验结果　　　　　　　　　　　　　　　表 3.6

序号	原始质量（g）	两次循环后质量（g）	耐崩解指数 I_d（%）	I_d 平均值（%）
1	793.42	784.22	98.84	
2	768.28	763.29	99.35	99.10
3	752.62	746.00	99.12	

从表 3.6 可以看出，该地区掘进煤矸石的耐崩解指数较高，具有优异的耐崩解性，说明煤矸石内部含有极少的亲水膨胀成分，满足应用于道路工程建设时的集料要求。此外，掘进煤矸石的矿物组成分析显示其内部不存在易膨胀、易崩解的蒙脱土等组分，崩解性试验结果也验证了这一分析。

3.2.5 膨胀性

与集料的耐崩解性类似，当煤矸石中含有黏土矿物等组分时，遇水后其内部的结晶格子层将吸水膨胀，使得煤矸石体积增大、结构疏松，用于道路工程时易造成强度降低、沉陷开裂等病害。从矿物组成上看，煤矸石中含有一定量的伊利石，这是一种亲水性较强的黏土矿物，遇水后可能发生一定程度的膨胀现象，因此，有必要对鹤壁地区掘进煤矸石的膨胀性进行评估，确保掘进煤矸石铺筑基层时的材料稳定性。

参照《公路土工试验规程》JTG 3430—2020 中 T0124—1993 中的试验方法，对掘进煤矸石开展自由膨胀率试验，测定煤矸石的自由膨胀率（δ_{ef}）。试验过程如图 3.3 所示，试验结果列于表 3.7 中。

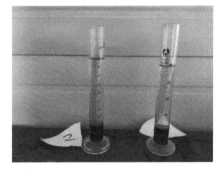

图 3.3　掘进煤矸石自由膨胀率试验

鹤壁地区掘进煤矸石膨胀率试验结果　　　　　　　　　　　　　　　表 3.7

试验序号	干土质量（g）	不同时间（h）体积读数（cm³）					自由膨胀率（%）	
		2	4	6	8	10	δ_{ef}	平均值
1	9.85	10.5	10.8	11.1	11.2	11.2	12	11.5
2	9.83	10.5	10.6	10.8	11.0	11.0	11	

目前关于膨胀土的分类指标尚不明确，一般认为，当采用自由膨胀率指标进行评估时，膨胀土的界限值为 40%。由表 3.7 可知，鹤壁地区掘进煤矸石的自由膨胀率为 11.5%，小于膨胀土的界限值，可认为该地区的掘进煤矸石属于非膨胀土，满足公路基层材料铺筑要求，但施工时必须同时做好排水防护措施。

3.2.6 烧失量

烧失量是表征集料中所含可燃性无机物和有机质含量的重要参数，烧失量越大，集料中所含可燃性物质越多。这些可燃物在氧化作用或高温条件下极易被分解，从而改变集料的内部结构和空间排列，宏观上表现为体积减小，强度降低，集料的体积稳定性和耐久性变差。为测定鹤壁地区掘进煤矸石的烧失量，参照《煤矸石烧失量的测定》GB/T 35986—2018 中的试验方法，开展烧失量测试。掘进煤矸石烧失量试验如图 3.4 所示，试验结果见表 3.8。

图 3.4 掘进煤矸石烧失量试验

掘进煤矸石烧失量试验结果　　　　表 3.8

试验序号	1	2	3
坩埚质量（g）	28.1563	26.8325	27.5563
煤矸石质量（g）	1.0983	1.0234	1.0364
灼烧残渣＋坩埚质量（g）	27.1525	25.9012	28.4984
烧失量（%）	8.6	9.0	9.1
平均烧失量（%）	8.9		

从表 3.8 可以看出，鹤壁地区掘进煤矸石的烧失量为 8.9%，说明煤矸石中含有一定的可燃煤及有机物杂质，可能对煤矸石的力学及耐久性产生不利影响，应通过室内试验给予验证，确保满足高等级公路基层结构的应用条件。

3.3 掘进煤矸石工程特性

3.3.1 液塑限

液塑限是表征土体稠质状态的重要参数，是土体最基本、最重要的指标之一，综合反映了土体矿物成分和颗粒大小的影响，对于土体的分类和评价具有重要意义。《公路路面基层施工技术细则》JTG/T F20—2015 规定用于铺筑水泥稳定高等级公路基层的集料，塑性指数应不大于 17。当塑性指数越大时，集料的颗粒越细，比表面积越大，集料中所含黏性物质含量越多，相应的工程特性也越差。所以在进行原材料性能检测时，必须获取材料的塑性指数并对其分类，以评估材料的水理性质及工程适用性。为此，依据《公路土工试验规程》JTG 3430—2020 中 T0118—2007 的试验方法，选取 3 组代表性的掘进煤矸石集料，测定其液限、塑限和塑性指数，试验结果见表 3.9。

鹤壁地区掘进煤矸石液限、塑限试验结果　　　　　　　　　　　表 3.9

试验序号	液限	塑限	塑性指数	塑性指数平均值
1	29.6	17.8	11.8	
2	28.7	16.4	12.3	11.7
3	29.4	18.5	10.9	

表 3.9 的结果显示出该地区掘进煤矸石具有较大的塑限和较低的液限，塑性指数平均值为 11.7，表明此材料有类似低液限黏土的性质，属于低塑性材料，同时满足要求，可作为良好的道路工程用料。值得注意的是，与碎石相比，掘进煤矸石的塑性指数仍较大，这与煤矸石中含有一定量的伊利石密切相关，对煤矸石混合料的水稳定性有负面影响，在工程实践中应予重视。

3.3.2　压碎值

压碎值表征石料在逐级递增的外加荷载作用下抵抗压碎、保持材料原有特性的能力，是衡量集料力学强度和道路基层材料适用性的主要控制指标。为评估鹤壁地区掘进煤矸石的力学强度及使用范围，参照《公路工程集料试验规程》JTG E42—2005 中 T0316—2005 中的试验要求，测定煤矸石的压碎值，掘进煤矸石压碎值测试如图 3.5 所示，试验结果见表 3.10。

图 3.5　掘进煤矸石压碎值测试

鹤壁地区掘进煤矸石压碎值试验结果　　　　　　　　　　　　表 3.10

试验序号	1	2	3
试筒质量（g）	533.8	533.8	533.8
试筒＋煤矸石质量（g）	2918.4	2955.2	2937.5
煤矸石质量（g）	2384.6	2421.4	2403.7
过 2.36mm 筛煤矸石质量（g）	572.3	583.6	567.3

续表

压碎值（%）	24	24.1	23.6
平均值（%）		23.9	

由表 3.10 可知，掘进煤矸石的压碎值平均值为 23.9%，小于水洗煤矸石等其他类型的煤矸石，反映了掘进煤矸石的强度优异性。根据《公路路面基层施工技术细则》JTG/T F20—2015 中关于粗集料压碎值的要求，掘进煤矸石满足重、中、轻交通下高等级公路基层及极重、特重交通下高等级公路的底基层要求（≤26%），因此，该材料具备高等级公路基层结构的应用可行性。

3.3.3 颗粒级配

煤矸石开采出来时粒径分布极不均匀，难以直接用作道路工程材料，必须将其破碎分选后进行分档存储和使用。为明确鹤壁地区掘进煤矸石的级配情况，选取经破碎分档后的四档煤矸石原材料，依据《公路工程集料试验规程》JTG E42—2005 中 T0302—2005 的试验方法，对掘进煤矸石筛分试验，如图 3.6 所示。试验结果见表 3.11 其中，技术标准参考《公路路面基层施工技术细则》JTG/T F20—2015 中对粗、细集料规格的要求。

图 3.6 掘进煤矸石筛分试验

鹤壁地区掘进煤矸石颗粒级配结果　　　表 3.11

筛孔尺寸 (mm)	1号（19～31.5mm）		2号（9.5～19mm）		3号（4.75～9.5mm）		4号（0～4.75mm）	
	通过率（%）	技术标准（%）	通过率（%）	技术标准（%）	通过率（%）	技术标准（%）	通过率（%）	技术标准（%）
31.5	100	90～100	100	—	100	—	100.0	—
26.5	72.9	—	100	100	100	—	100.0	—
19	6.4	0～10	100	90～100	100	—	100.0	—
16	3.5	—	76.3	—	100	—	100.0	—
13.2	2	0～5	39.5	—	100	100	100.0	—
9.5	0.2	—	7.3	0～10	95.2	90～100	100.0	100
4.75	0.1	—	1.1	0～5	0.8	0～10	99.6	90～100
2.36	0.1	—	0.2	—	0.3	0～5	69.8	—
1.18	0.1	—	0.2	—	0.1	—	48.3	—
0.6	0.1	—	0.2	—	0.1	—	33.4	—
0.3	0.1	—	0.2	—	0.1	—	10.8	—
0.15	0.1	—	0.2	—	0.1	—	8.6	—
0.075	0.1	—	0.2	—	0.1	—	5.8	0～20

由表 3.11 可知，经破碎后的四档掘进煤矸石颗粒级配良好，符合《公路路面基层施

工技术细则》JTG/T F20—2015 对集料规格的要求，满足路用工程集料的应用条件。

3.4　本章小结

本章以鹤壁地区掘进煤矸石为研究对象，基于多尺度手段考察了掘进煤矸石的组分，采取系列室内试验分析了煤矸石的理化特性及工程特性，评估了掘进煤矸石在高等级公路基层的适用性，主要结论如下：

（1）鹤壁地区掘进煤矸石的主要矿物组成为石英、高岭石和伊利石，呈片状和层状分布，微观结构内含有一些孔状空洞，排列相对疏松，硅铝比在 2~3 之间，火山灰活性物质（SiO_2、Al_2O_3、Fe_2O_3、CaO）占比为 78.24%，具备发生火山灰反应的基础。煤矸石的密度与天然碎石接近，但由于多孔形态结构的存在其吸水率较大，应在工程中注意其水稳性的验证。

（2）鹤壁地区掘进煤矸石平均烧失量为 8.9%，压碎值平均值为 23.9%，满足重、中、轻交通下高等级公路基层及极重、特重交通下高等级公路的底基层要求，液限、塑限和颗粒级配均满足相关规范要求，膨胀性较低，具有较优良的耐崩解性。

（3）综合煤矸石材料工程特性研究结果，鹤壁地区掘进煤矸石具备良好的高等级公路基层适用性。

第4章 掘进煤矸石基层材料组成设计

本章参考《公路路面基层施工技术细则》JTG/T F20—2015，以骨架密实结构为基础设计偏粗、中间和偏细三种水泥稳定煤矸石混合料，考察其击实特性及力学强度特性，优选出最好的级配组成方式，进而设计比例替换和粒径替换两种模式，对比分析碎石和煤矸石集料对煤碎混合料击实特性的影响。

4.1 试验设计思路

水泥稳定基层的材料组成设计是决定其路用性能优劣的重要因素，直接影响道路全寿命周期的服役效果。考虑水泥稳定煤矸石-碎石混合料的组成较为复杂，而本书的重点是考察碎石与掘进煤矸石混掺时的掺配方式及比例，因此，将水泥剂量固定为4%，首先通过对水泥稳定掘进煤矸石进行配合比设计以优选出合适的集料级配，确定四档料的级配比例。其次，以等质量替换的方式掺配碎石，制备水泥稳定煤矸石-碎石混合料。最后，开展不同掺配方式混合料的击实试验，确定最佳含水率和最大干密度，为后续力学特性及耐久性能的研究奠定基础。

4.2 原材料性能检测

4.2.1 水泥和水

本研究采用河南省同力水泥有限公司生产的普通硅酸盐水泥（P.O 42.5），参照《公路工程水泥及水泥混凝土试验规程》JTG 3420—2020 中的试验方法，测试水泥的各项技术指标，结果如表4.1所示。试验用水为日常饮用水。

水泥各项技术指标测试结果　　　　　　表4.1

技术指标		单位	实测值	技术要求	试验方法
细度		%	6.7	≤10	T0502—2005
初凝时间		min	210	≥180	T0505—2020
终凝时间		min	480	360~600	T0505—2020
安定性		mm	1.5	≤5.0	T0505—2020
抗折强度	3d	MPa	4.8	≥3.5	T0506—2005
	28d	MPa	8.2	≥6.5	

续表

技术指标		单位	实测值	技术要求	试验方法
抗压强度	3d	MPa	24.3	≥17	T0506-2005
	28d	MPa	53.5	≥42.5	

从表4.1可以看出，该水泥的各项技术指标均满足道路水泥的技术要求，适用于后续水泥稳定煤矸石-碎石混合料的配合比设计和路用性能研究。

4.2.2 煤矸石

试验采用鹤壁地区所产的掘进煤矸石作为集料，经破碎后分为四档：1号料（19～31.5mm）、2号料（9.5～19mm）、3号料（4.75～9.5mm）和4号料（0～4.75mm）。对应技术指标已在第3章介绍，满足《公路路面基层施工技术细则》JTG/T F20－2015中重、中、轻交通下高等级公路基层的应用要求。

4.2.3 碎石

研究采用石灰岩集料，同时将该批碎石分为与煤矸石同样的四档集料，碎石样品及SEM图像如图4.1所示。参照《公路工程集料试验规程》JTG E42－2005对碎石进行检测，碎石细、粗集料各技术指标试验结果如表4.2、表4.3所示。

图4.1 碎石样品及SEM图像

碎石细集料各技术指标试验结果 表4.2

技术指标	实测值	技术要求	试验方法
塑性指数	8.4	≤17	T0118－2007
有机质含量（%）	1.2	<2	T0336－1994
硫酸盐含量（%）	0.1	≤0.25	T0341－1994
颗粒级配	满足级配要求	满足级配要求	T0327－2005

碎石粗集料各技术指标试验结果　　　　表 4.3

技术指标	实测值			技术要求	试验方法
	19～31.5mm	9.5～19mm	4.75～9.5mm		
吸水率（%）	0.46	0.72	0.97	≤2	T0304—2005
毛体积密度（g/cm³）	2.684	2.650	2.632	—	T0304—2005
堆积密度（g/cm³）	1.576	1.543	1.514	—	T0304—2005
针片状含量（%）	5.4	7.2	6.2	≤22	T0312—2005
压碎值（%）	—	21.2	—	≤26	T0316—2005
0.075mm 以下粉尘含量（%）	0.6	0.9	1.5	≤2	T0302—2005
软石含量（%）	0.4	0.9	1.4	≤5	T0320—2005
颗粒级配	满足规范级配要求				T0302—2005

从图 4.1 可以看出，碎石颗粒表面较为平整，附着一定的颗粒物，内部晶体间空隙较小，与煤矸石微观结构相比更加紧密，呈现更良好的致密性，使得碎石具备低吸水性、高密度和高强度的特点。由表 4.2、表 4.3 可知，试验用四档碎石集料的各项指标均满足要求，可用于后续的研究中。

4.3 水泥稳定煤矸石材料组成设计

4.3.1 级配设计

级配设计对水泥稳定类混合料的强度、稳定性、耐久性等各项路用性能起到决定性作用。按照粗集料与细集料之间的混合状态及空隙体积等指标，通常可以将混合料划分为悬浮密实型、骨架空隙型和骨架密实等几种类型。研究发现，在水泥剂量相同且养护条件一致时，骨架密实型水泥稳定混合料具有更高的无侧限抗压强度和抗压回弹模量，悬浮密实型次之，骨架空隙型最小。

为保证混合料具有更高的强度同时匹配现有规范的要求，本试验采用《公路路面基层施工技术细则》JTG/T F20—2015 中推荐的 C-B-3 骨架密实型级配，设计偏粗、中间和偏细三条级配曲线，分别进行击实试验和无侧限抗压强度试验，以 7d 抗压强度为筛选依据确定一种最佳级配曲线作为后续水泥稳定煤矸石-碎石混合料的级配曲线。具体级配如图 4.2、表 4.4、表 4.5 所示。

4.3.2 击实试验

参照《公路工程无机结合料稳定材料试验规程》JTG E51—2009 中的丙类击实试验方法，根据设计的 3 条级配曲线，分别拟定 3%、4%、5%、6%、7% 五种含水率梯度，称量对应的烘干至恒重后的煤矸石集料，加入预估含水率所需的水闷料 12h，之后掺入 4% 剂量的水泥搅拌均匀，1h 内移至击实试验试模内开展击实试验。混合料分 3 次击实，每次击实后对表面拉毛处理以保证层间紧密联结。击实试验如图 4.3 所示，击实曲线如图 4.4 所示。

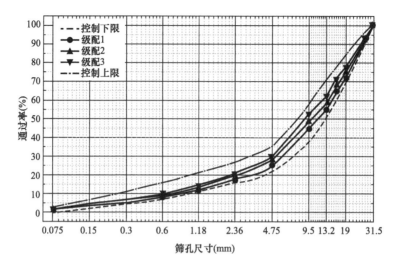

图 4.2 三种级配曲线设计图

水泥稳定煤矸石级配组成　　　　　　　　　表 4.4

级配种类	19～31.5mm	9.5～19mm	4.75～9.5mm	0～4.75mm
级配 1	30%	26%	19%	25%
级配 2	27%	25%	20%	28%
级配 3	24%	24%	22%	30%

三种级配下各筛孔通过率　　　　　　　　　表 4.5

粒径（mm）	通过率（%）			JTG/T F20—2015 要求
	级配 1	级配 2	级配 3	
31.5	100	100	100	100
26.5	91.9	92.7	93.5	—
19	71.9	74.7	77.5	68～86
16	64.9	68.0	71.2	—
13.2	54.9	58.4	62.0	—
9.5	45.0	48.9	52.7	38～58
4.75	25.4	28.4	30.3	22～32
2.36	17.6	19.7	21.1	16～28
1.18	12.2	13.6	14.6	—
0.6	8.5	9.4	10.1	8～15
0.3	2.8	3.1	3.3	—
0.15	2.3	2.5	2.7	—
0.075	1.6	1.7	1.8	0～3

由图 4.4 可以看出，水泥稳定煤矸石混合料的干密度-含水率关系可用一定规律的二次曲线拟合，表明水泥稳定煤矸石与水泥稳定碎石一样服从击实特性。注意：三种级配的

第4章 掘进煤矸石基层材料组成设计

图4.3 击实试验
(a) 闷料；(b) 击实；(c) 击实后试样；(d) 烘干击实料

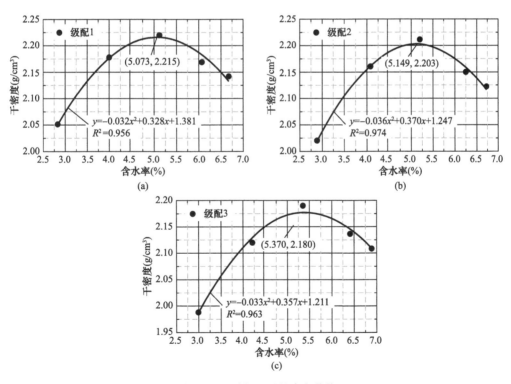

图4.4 三种级配下的击实曲线
(a) 级配1；(b) 级配2；(c) 级配3

粗细情况是级配1>级配2>级配3，而级配3的最佳含水率最大，为5.37%；级配2次之；级配1的最小。这是因为级配3中细集料占比更大，相应的表面积更大，需要更多的水浸润，导致混合料具备更大的最佳含水率。从最大干密度上看，三种级配的最大干密度相差不大，大小排序为级配1>级配2>级配3，结果显示出集料越粗其最大干密度越大，其原因是更多的煤矸石粗集料形成骨架结构，粗集料干密度大于细集料，致使混合料的最大干密度增加。此外，部分煤矸石粗集料在击实过程中由于质地较软可能被破碎，破碎后形成部分细集料填充于粗集料骨架空隙中，混合料整体更加密实，使得三种级配下混合料的最大干密度相差不大。

4.3.3 无侧限抗压强度试验

依据测得的三种级配下的最佳含水率和最大干密度分别成型无侧限抗压强度试件，试验过程参照《公路工程无机结合料稳定材料试验规程》JTG E51—2009 中圆柱体试件成型要求，首先将称量好的集料和水充分拌合，对其闷料4h，之后加入4%水泥和预留水搅拌均匀，分3次装入 ϕ150mm×150mm 的圆柱体试模中，装料过程中应保证粗细集料分布均匀并用夯棒插实，最后将试模移至压力机上静压成型，4h 后用脱模器进行脱模。脱模后的试件立即称量其高度与质量，不满足规范要求需重新成型试件。每个级配下成型13个试件。

将符合要求的试件用塑料袋包裹后放至标准养护箱进行养护，养护温度控制在20℃±2℃，湿度不小于95%。养护6d后，取出试件称量高度和质量，之后将其移入温度20℃±2℃的水中，保证试件完全浸入水中，24h 后取出称其高度和质量，用抹布擦干试件表面水后放到万能材料试验机上测试其无侧限抗压强度。无侧限抗压强度试验如图4.5所示，三种级配下水泥稳定煤矸石强度试验结果如表4.6所示。

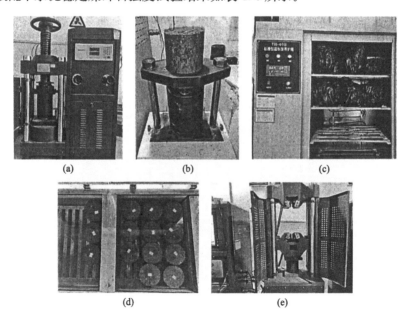

图 4.5 无侧限抗压强度试验
(a) 成型试件；(b) 脱模；(c) 养护；(d) 泡水；(e) 强度测试

三种级配下水泥稳定煤矸石强度试验结果 表 4.6

级配类型	级配 1	级配 2	级配 3
7d 无侧限抗压强度代表值（MPa）	2.22	2.59	2.34
变异系数（%）	9.6	8.4	10.5

由表 4.6 可知，在同一水泥含量和最佳含水率差距不大的情况下，以级配 1 和级配 2 为例，改变粗细集料比例后 7d 无侧限抗压强度代表值相差达 16.6%，反映出集料级配对于水泥稳定煤矸石具有显著影响。对比三种级配类型下强度的变化规律可以看出，当煤矸石混合料中具有更多的较大粒径集料时（级配 1），强度往往更低，也就是说，对于骨架密实型水泥稳定煤矸石混合料，仅级配情况改变时，较大粒径集料含量越多，其无侧限强度将越低。这是因为粒径较大的粗集料相较于细集料需要更多的水浸润，但用水量却相差不多，导致粗集料无法充分浸润，能与水泥接触并产生粘结强度的表面积小，受压时在集料界面过渡区将产生更多微裂缝，强度更低。这一现象表明设计骨架密实型水泥稳定煤矸石混合料时，在满足《公路路面基层施工技术细则》JTG/T F20－2015 级配要求的条件下，应适当降低大粒径集料的比例，以获取更高强度的水泥稳定煤矸石混合料。

从 7d 无侧限抗压强度测试结果来看，完全使用掘进煤矸石作为集料制备水泥稳定煤矸石混合料，强度较低，仅满足二级及二级以下基层中轻交通或底基层重交通的应用。若想提升其强度将其应用于更高层位，实现掘进煤矸石的高值化利用，必须改善混合料的路用性能，而改善方式之一就是掺入一定量的碎石以增强其骨架强度。

4.4 各掺量混合料参数的确定

4.4.1 最终级配的确定

基于水泥稳定煤矸石混合料 7d 无侧限抗压强度的比选，确定后续研究采用级配 2 作为最优级配。在该级配下，混合料的强度最大，且变异系数更小，显示出级配良好、性能较为稳定的特点，最优级配下的级配组成如表 4.7 所示，最优级配曲线如图 4.6 所示。

最优级配下的级配组成 表 4.7

级配种类	19～31.5mm	9.5～19mm	4.75～9.5mm	0～4.75mm
级配 2	27%	25%	20%	28%

4.4.2 煤矸石-碎石混掺方案的确定

经分析现有文献可知，在煤矸石-碎石混掺方面，部分研究人员采用比例替换这一方式。该方式是指将煤矸石和碎石按照不同的比例进行掺配，在各档集料中均同时存在煤矸石和碎石两种集料。在实际应用层面，则需要为煤矸石和碎石各配备一套料仓、传送装置等混合料生产设备，增加了施工成本，但优势是可以更多利用煤矸石集料，进而节约部分碎石材料成本。因此，有必要确定一个合理的掺配比例以满足性能要求和节约成本。从这一角度出发，本书按级配进行整体替换，分别以 20%、40%、60%、80% 的比例将煤矸石替换为碎石，如表 4.8 所示，考察不同掺量碎石改性时路用性能的演变规律。

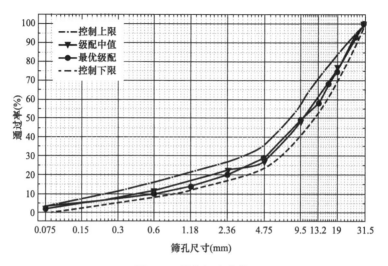

图 4.6 最优级配曲线

煤矸石-碎石比例替换试验方案　　　　　　　　　　　　　　　表 4.8

替换类型	掺配方式	简称
比例替换	80%煤矸石＋20%碎石	80%煤
	60%煤矸石＋40%碎石	60%煤
	40%煤矸石＋60%碎石	40%煤
	20%煤矸石＋80%碎石	20%煤

此外，也有部分学者采用粒径替换方式，即以某一档碎石替换该档煤矸石，只改变该档的集料组成。该方式已被证实可有效提升水泥稳定煤矸石混合料的强度，但仅考虑集料组成的改变，对于煤矸石和碎石材料在骨架构成方面的差异、强度形成原理的不同等方面鲜有讨论。在骨架密实型水泥稳定混合料形成强度时，粗集料相互搭接嵌挤形成骨架，细集料则填充于骨架结构所形成的空隙中，两者在水泥浆的作用下粘结成型并产生强度，粗细集料在其中发挥了不同的作用。基于此，本书从粗细集料的不同作用入手，设计了四种粒径替换方式和 100%煤矸石、100%碎石两组对照组，如表 4.9 所示。其中，T1、T1～T2 和 T1～T3 为不同档位粗集料的替换，通过三者性能的对比分析不同档位粗集料的效能差异；而 T4 与 100%煤矸石、T1～T3 与 100%碎石两组仅将各自细集料进行替换，以期从性能差异方面明确煤矸石、碎石粗细集料的作用。

煤矸石-碎石混掺粒径替换试验方案　　　　　　　　　　　　　　　表 4.9

替换类型	掺配方式				简称
	1号料 (19～31.5mm)	2号料 (9.5～19mm)	3号料 (4.75～9.5mm)	4号料 (0～4.75mm)	
粒径替换	碎石	煤矸石	煤矸石	煤矸石	T1
	碎石	碎石	煤矸石	煤矸石	T1～T2
	碎石	碎石	碎石	煤矸石	T1～T3
	煤矸石	煤矸石	煤矸石	碎石	T4

续表

替换类型	掺配方式				简称
	1号料 (19~31.5mm)	2号料 (9.5~19mm)	3号料 (4.75~9.5mm)	4号料 (0~4.75mm)	
对照组	煤矸石	煤矸石	煤矸石	煤矸石	100%煤矸石
	碎石	碎石	碎石	碎石	100%碎石

注：T1为将1号料煤矸石替换为碎石，T1~T2是将1号料和2号料煤矸石替换为碎石，T1~T3是将1号料、2号料和3号料煤矸石替换为碎石，T4仅将4号料煤矸石替换为碎石。

综上所述，本书采用粒径替换和比例替换两种掺配方式，设计了8组试验组和2组对照组，以确定的最优级配下各档料的比例为基础，固定水泥掺量为4%，等质量替换对应的煤矸石集料制备水泥稳定煤矸石-碎石混合料（以下简称煤碎混合料），综合考量优选出合理的掺配方式，深入认识两种集料的材料特性区别，以明确掘进煤矸石和碎石的应用差异，提升掘进煤矸石的精细化、高值化利用水平。

4.4.3 水泥稳定煤矸石-碎石混合料击实试验

根据《公路工程无机结合料稳定材料试验规程》JTG E51—2009中的丙类击实试验方法，对8组煤碎混合料及2组对照组进行重型击实试验，试验步骤与4.3.2节相同。每组进行两次平行击实试验，取平均值作为该组混合料的最大干密度和最佳含水率。煤碎混合料击实试验结果如图4.7所示。

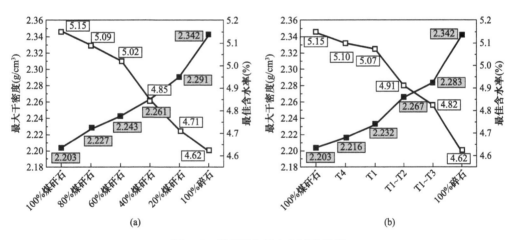

图4.7 煤碎混合料击实试验结果
(a) 比例替换；(b) 粒径替换

由图4.7可知，随着煤碎混合料中煤矸石比例的降低，混合料的最大干密度逐渐增加，最佳含水率逐渐减小。全部替换后，最大干密度提升了6.3%，最佳含水率降低了10.3%。从材料特性上看，碎石密度大、吸水性弱、质地坚硬，而煤矸石密度低、致密性差，且含有较多空隙结构、易吸水。这就导致随着碎石含量的增加，混合料更趋向于水泥稳定碎石的性状，即吸水率降低、密度提升，从而造成煤碎混合料的最大干密度增加，最佳含水率降低。

进行粗粒径替换后，可以看出 T1～T3 的干密度最大、含水率最小；T1 则干密度最小，含水率最大。这同样是由煤碎混合料中碎石占比的大小所决定的。T1～T3 与 100%碎石对比，仅细集料不同，干密度小而含水率大，表明煤矸石细集料的吸水性更强，其原因是煤矸石细集料的比表面积更大，加之本身的多孔状结构，更易接触并吸收周围水分。而将 100%煤矸石中细集料替换为矿粉后，即 T4，可以看出混合料干密度增大，含水率降低，这与 T1～T3 和 100%碎石的试验结果相一致。在实际工程中，煤矸石材料的较高吸水性会导致混合料含水率的增加，可能使得基层、底基层有一定的开裂破坏风险，但同时，也可为煤碎混合料的后期水化反应提供有利条件。因此，必须严格控制煤矸石的材料参数，对合适的掺配类型进行充分比选，考察其长期路用性能及耐久性，为煤矸石的合理安全高值化利用提供依据。

4.5　本章小结

本章依据水泥稳定混合料材料组成设计思路，首先对混合料中各组成材料的性能进行检测，之后以骨架密实结构为基础设计偏粗、中间和偏细三种水泥稳定煤矸石混合料，考察其击实特性及强度特性，优选出最好的级配方式，最后针对性设计了比例替换和粒径替换两种模式，对比分析碎石和煤矸石集料对煤碎混合料击实特性的影响，主要得出以下结论：

（1）用于制备水泥稳定煤矸石-碎石混合料的各项原材料均符合相关要求，适用于混合料的击实试验及力学耐久特性的后续研究。

（2）在水泥稳定煤矸石混合料中，细集料偏多会使混合料的最大干密度降低、最佳含水率升高；对骨架密实型级配，粗集料比例较大时，难以有足够的水分浸润其表面，导致与水泥接触反应面减小，最终使其抗压强度降低。因此，有必要对不同粗细集料比例的混合料进行抗压强度测试以优选出合适的配合比。

（3）三种级配方式中，中间级配（级配 2）的强度最大，变异系数较小，可作为后续混合料制备的级配类型，该级配下四档料的比例为（19～31.5mm）：（9.5～19mm）：（4.75～9.5mm）：（0～4.75mm）＝27%：25%：20%：28%。

（4）设计了比例替换（4 组）和粒径替换（4 组）两种混掺模式和 100%煤矸石、100%碎石 2 组进行对照，对其击实试验结果显示出煤碎混合料中碎石比例越高，干密度越大而含水率越小，主要原因是煤矸石材料具有较强亲水性和更多的孔隙结构。

第5章

水泥稳定煤矸石-碎石混合料力学特性研究

本章对水泥稳定煤矸石碎石混合料开展无侧限抗压强度试验、弯拉强度试验、动态抗压回弹模量试验等力学特性研究，分析无侧限抗压强度与动态抗压回弹模量的预测关系，研究不同掺配方式对混合料力学性能的影响变化规律。

5.1 无侧限抗压强度

基层作为我国沥青公路路面结构中最主要的承重结构，必须具备足够的强度以承载对应的行车荷载。对于现阶段的路面设计而言，保证混合料的无侧限抗压强度满足要求是首要的，该指标是评价基层结构强度性能的重要指标，同时也是考察材料配合比设计的合理程度、改善和提升其他路用性能的重要参考。因此，有必要对比不同掺配方式下制备的煤碎混合料的无侧限抗压强度，分析集料类型、掺量、掺配方式及养护龄期等因素对混合料强度的影响，并基于强度控制指标优选出合适的混合料类型，总结混合料的强度演化规律。

5.1.1 试验方法

试验依据《公路工程无机结合料稳定材料试验规程》JTG E51—2009 中无侧限抗压强度试验相关要求，以图4.7中击实试验测试结果，固定4%水泥剂量，制备对应的煤碎混合料，试验步骤与4.3.3节一致。试验设计7d、28d及90d三组龄期，每组制备13个试件，获取其强度代表值和变异系数，如图5.1所示。

(a) (b)

图5.1 煤碎混合料无侧限抗压强度测试
(a) 无侧限抗压强度测试试件；(b) 无侧限抗压强度测试

5.1.2 7d无侧限抗压强度

不同掺配方式下各煤碎混合料的7d无侧限抗压强度试验结果列于表5.1中。

煤碎混合料7d无侧限抗压强度试验结果 表5.1

试验组别	强度（MPa）	变异系数（%）
100%煤矸石	2.59	11.16
80%煤矸石	2.79	9.52
60%煤矸石	3.57	10.03
40%煤矸石	3.77	10.21
20%煤矸石	4.19	9.58
100%碎石	4.32	8.94
T1	3.27	9.25
T1~T2	3.71	11.57
T1~T3	3.84	8.33
T4	3.08	9.69

图5.2展示了不同替换方式下煤碎混合料7d无侧限抗压强度的变化情况。水泥稳定混合料的强度形成主要来源集料的自身强度、集料之间的嵌挤咬合作用、水泥水化产物与集料的粘结强度等。从图中可以看出，100%煤矸石的7d抗压强度最小，仅为2.59MPa，主要受限于煤矸石集料自身压碎值较大、质地疏松，抵抗外加荷载的能力不足。随着碎石的掺入，煤碎混合料的强度随着碎石掺入比例的增加而逐渐增大，相较于100%煤矸石，强度分别提升了7.7%、37.8%、45.6%和61.8%。究其原因，一方面，碎石的质地坚硬，抗压性能更优，掺入后提升了集料的自身强度，而煤矸石自身压碎值较大、针片状含

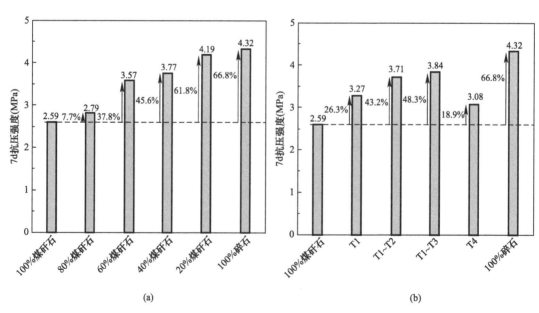

图5.2 煤碎混合料7d无侧限抗压强度
（a）煤碎比例替换；（b）粒径替换

量大、颗粒表面形貌粗糙且极不规则，煤矸石含量较多会导致混合料的内摩阻力减小，碎石与煤矸石之间的机械咬合力减弱，从而降低煤碎混合料的抗压强度；另一方面，碎石的密度大于煤矸石的密度，随着碎石替代率的提升，试件的密度逐渐增大，最大干密度由 2.203g/cm³（100%煤矸石）增加到 2.291g/cm³（20%煤矸石）。当水泥的质量分数固定 4%不变时，随着干密度的增大，实际同体积煤碎混合料的水泥量逐渐增大，其水化反应产生的胶结材料将更多，进一步提升了水泥浆体与集料之间的粘合作用，增大其抗压强度。此外，从不同比例碎石掺入后混合料强度提升效果上看，掺入 20%碎石后强度较 100%煤矸石提升了 7.7%，而接着掺入 20%碎石后则较 80%煤矸石提升 30.1%，这说明碎石掺量较少时，其对煤碎混合料强度的作用影响较微弱，无法实现短期内对提升混合料强度的有效提升，当掺入量达到 40%以上时，碎石才可通过嵌挤咬合作用逐步替代煤矸石承担一定的骨架作用，抗压能力显著增强。与之类似的是 20%煤矸石和 100%碎石，当 20%煤矸石接着掺入 20%比例的碎石后，抗压强度仅提高 5%，这是因为 20%煤矸石中的碎石已基本承担了抵抗外加荷载的功能，剩余 20%比例的煤矸石对于整体强度的贡献不大。因此，在确定混掺比例上，掺入碎石含量应在 40%~80%区间内，而基于综合利用煤矸石的角度，本书推荐碎石掺量为 40%~60%之间。

就粒径替换而言，替换粗集料或细集料均使混合料的抗压强度增加，替换 T1 料、T1~T2 和 T1~T3 分别提升抗压强度 26.3%、43.2%和 48.3%，其原因是碎石承担了骨架作用，提供更大的摩阻力和集料之间的机械咬合力。对比 100%煤矸石、T1 和 T1~T2 可知，随着大粒径集料被逐渐替换，T1 的抗压强度较 100%煤矸石上升 26.3%，T1~T2 较 T1 上升 16.9%，上升幅度较大，而 T1~T3 的抗压强度相较于 T1~T2 仅上升 5.1%。该现象表明不同粗集料粒径对强度的影响不一，T1T2 对混合料的强度影响明显，而 T3 则影响不大，这与刘乃成的研究结论相一致，同时为碎石替换煤矸石在实际工程中的应用提供了一定参考。对于细集料的替换，将煤矸石细集料替换为碎石细集料后，T4 的抗压强度较 100%煤矸石提升了 18.9%，100%碎石较 T1~T3 提升了 18.5%，产生此结果的原因可能有两个：一是煤矸石细集料较低的集料强度阻碍了混合料的强度提升，另一个是煤矸石细集料的吸水率较碎石细集料大，在拌合时会吸入更多水分进入集料内部，从而减少水泥浆基体所需要的结合水，加之煤矸石细集料中含有的煤粉杂质附着于集料表面，减少了水泥浆基体与集料的接触面，导致混合料强度降低。

参照《公路路面基层施工技术细则》JTG/T F20—2015 中对水泥稳定材料 7d 无侧限抗压强度的要求，各组煤碎混合料在高等级公路中的适用范围如表 5.2 所示。

各组煤碎混合料在高等级公路中的适用范围　　　　表 5.2

结构层	交通等级	技术要求（MPa）	适用情况
基层（高速公路和一级公路）	极重、特重交通	5.0~7.0	均不适用
	重交通	4.0~6.0	20%煤矸石、100%碎石
	中、轻交通	3.0~5.0	60%煤矸石、40%煤矸石、20%煤矸石、100%碎石、T1、T1~T2、T1~T3、T4
底基层（高速公路和一级公路）	极重、特重交通	3.0~5.0	60%煤矸石、40%煤矸石、20%煤矸石、100%碎石、T1、T1~T2、T1~T3、T4

续表

结构层	交通等级	技术要求（MPa）	适用情况
底基层（高速公路和一级公路）	重交通	2.5～4.5	均适用
	中、轻交通	2.0～4.0	均适用

由表5.2可知，大部分煤碎混合料仅满足高等级公路中、轻交通基层，在高等级公路基层结构中适用范围很小，不足以应对行车速度日益加快及重载化日益上升这一挑战。但大部分煤碎混合料均可满足底基层的应用条件，因此，在实际工程中应优先考虑在底基层的应用，且碎石掺量不宜低于40%，或应首选大粒径集料的替换，以保证施工质量的安全可靠。

5.1.3　28d、90d无侧限抗压强度

为表征煤碎混合料长期力学性能，考察混合料的强度随龄期增长的演化规律，对各组煤碎混合料在28d、90d的无侧限抗压强度进行了测试，试验结果如表5.3和图5.3所示。

煤碎混合料28d、90d无侧限抗压强度试验结果　　　表5.3

试验组别	28d		90d	
	强度（MPa）	变异系数（%）	强度（MPa）	变异系数（%）
100%煤矸石	3.19	7.61	4.17	4.86
80%煤矸石	3.43	6.87	4.44	3.69
60%煤矸石	4.40	7.24	5.53	2.43
40%煤矸石	4.57	8.26	5.60	5.11
20%煤矸石	5.18	6.30	6.26	3.28
100%碎石	5.39	6.77	6.46	4.07
T1	4.02	7.42	5.18	6.84
T1～T2	4.54	5.24	5.81	4.31
T1～T3	4.67	6.12	5.94	3.43
T4	3.84	7.51	4.66	5.02

从图5.3可见，随着龄期的增长，各组煤碎混合料的无侧限抗压强度均不断增加，这是煤碎混合料中水化反应和火山灰反应越来越充分的缘故。此外，煤碎混合料长期强度的变化情况与7d强度具有较好的一致性：煤碎混合料7d强度越高，其后期强度也越高。整体来说，煤碎混合料的长期强度与煤碎混合料中碎石掺量呈正相关，更大的碎石掺量其长期强度将更大，说明集料自身的抗压强度对煤碎混合料的强度形成具有显著影响。为进一步分析煤碎混合料强度随龄期增长的变化规律，将各组煤碎混合料在不同龄期下的无侧限抗压强度进行拟合，拟合公式如式（5.1）所示。

$$S_c = a\ln T + b \tag{5.1}$$

式中　S_c——煤碎混合料的强度（MPa）；

　　　T——龄期（d）；

　　　a,b——拟合参数。

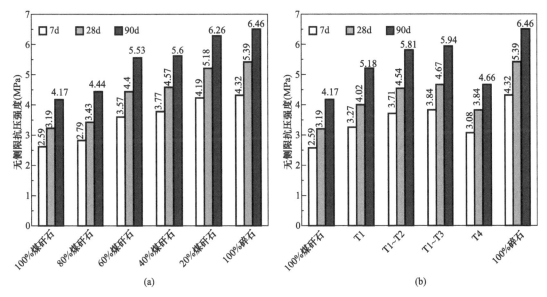

图 5.3 煤碎混合料无侧限抗压强度试验结果
(a) 比例替换；(b) 粒径替换

表 5.4 为煤碎混合料抗压强度与龄期拟合结果，图 5.4 展示了煤碎混合料强度随龄期的增长规律。在养护初期，煤碎混合料的强度增长较快，28d 后强度仍有增长，但速率趋缓，直至 90d 强度逐渐稳定。从各组煤碎混合料强度与龄期的拟合结果上看，两者相关系数均在 0.92 以上，呈现很好的相关性，表明式（5.1）可作为描述煤碎混合料强度增长潜能的预估模型。

煤碎混合料抗压强度与龄期拟合结果 表 5.4

试验组别	拟合公式	相关系数 R^2
100%煤矸石	$S_c = 0.613\ln T + 1.319$	0.931
80%煤矸石	$S_c = 0.640\ln T + 1.466$	0.943
60%煤矸石	$S_c = 0.762\ln T + 2.016$	0.956
40%煤矸石	$S_c = 0.712\ln T + 2.325$	0.927
20%煤矸石	$S_c = 0.808\ln T + 2.578$	0.980
100%碎石	$S_c = 0.836\ln T + 2.666$	0.992
T1	$S_c = 0.741\ln T + 1.740$	0.941
T1~T2	$S_c = 0.815\ln T + 2.029$	0.935
T1~T3	$S_c = 0.815\ln T + 2.160$	0.972
T4	$S_c = 0.616\ln T + 1.851$	0.964

值得注意的是，对比 100%煤矸石与 100%碎石在 7~90d 过程中的强度增长情况，100%煤矸石增长了 61%，而 100%碎石增长了 49.5%，体现出煤矸石在后期强度增长中具有优势。这是因为，从煤矸石的材料组成看，集料中含有的 SiO_2 和 Al_2O_3 等活性物质在水泥的水化作用激发下会发生火山灰反应，有利于提升煤碎混合料的长期强度，且该反应存在典型的时间依赖性，主要发生在试件强度形成的中后期。为考察煤矸石在长期强度形成中的作用，研究煤碎混合料的强度增长规律，进而分析煤矸石和碎石在强度提升过程

中的区别,对各组煤碎混合料的强度增长率进行计算,如图5.5所示。

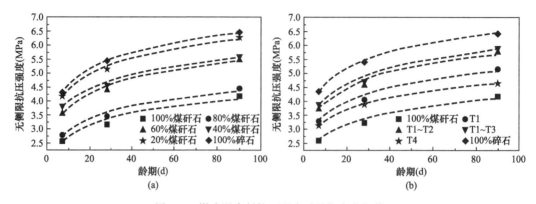

图5.4 煤碎混合料抗压强度随龄期变化规律
(a) 比例替换;(b) 粒径替换

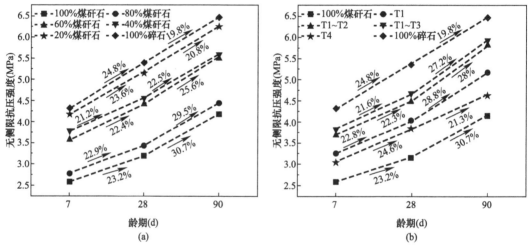

图5.5 煤碎混合料强度增长率
(a) 比例替换;(b) 粒径替换

由图5.5可知,比例替换下,不同碎石掺量的煤碎混合料在龄期增长过程中,其强度增长率表现出一定的差异性。7~28d龄期内,100%碎石的增长率最大,100%煤矸石的增长率也位于前列,其余煤碎混合料的增长率均在21%以上,但彼此相差不大。在此过程中,煤碎混合料以水泥水化反应为主形成强度,然而,由于煤矸石细集料中部分颗粒比水泥更细,物理作用下易吸附在水泥表面,影响水泥水化产物的成核凝结,导致水泥水化反应遭到抑制,且煤矸石含有的煤粉杂质也对强度形成产生了负面影响。因此,在这些因素的综合作用下,100%碎石的强度增长率达到最大。另一方面,当煤碎混合料中存在煤矸石集料时,由于煤矸石中含有的Al_2O_3、SiO_2等活性物质会与水化反应生成的$Ca(OH)_2$发生二次水化反应,生成大量C-S-H和C-A-H等凝胶物质,有利于煤碎混合料的强度提升,一定程度上弥补了煤矸石集料的抑制作用,使得煤碎混合料也达到较高的强度增长率。28~90d龄期内,煤碎混合料的强度增长率随碎石掺量的升高而降低,100%煤矸石的增长率达到30.7%,100%碎石的增长率仅为19.8%,分析其原因,主要是水泥水化反应的减弱及火山灰反应的逐渐增强。同时，该结果也反映出，合理掺量下的煤碎混合料可以实现一定的前期强度和后期强度增长潜力的协调。

对于粒径替换的煤碎混合料，7～28d及28～90d龄期内，强度增长率均为T1＞T1～T2＞T1～T3，表明煤矸石粗集料在促进煤碎混合料的长期强度增长方面具有优势，这可能是因为煤矸石粗集料具有更多的微孔结构，在前期闷料及拌合过程中吸附了部分水分于微孔内，随着煤碎混合料硬化成型后缓慢释放，对煤碎混合料起到内养护的作用，从而提升煤碎混合料长期强度增长潜力。但应该注意到，三者间的强度增长幅度相差不大，说明这种内养护的效果不太显著，决定煤碎混合料增长幅度大小的依然是水泥水化作用、煤矸石火山灰反应及煤粉等杂质的抑制作用。替换细集料后，7～28d龄期内，T4与100%煤矸石对比，T4的强度增长率更大，并且T1～T3的强度增长率同样小于100%碎石，这两种结果综合显示出煤矸石细集料对于水泥水化反应的不利影响。但由于火山灰反应的逐步发展，一定程度提升了强度增长率，宏观上便表现为100%煤矸石与T4的强度增长幅度相差不大，T1～T3与100%碎石也类似。在28～90d龄期内，含有煤矸石细集料的试验组（T1、T1～T2、T1～T3、100%煤矸石）的强度增长率普遍大于碎石细集料组（100%碎石、T4），其原因主要是后期煤矸石细集料中硅铝组分活性的发挥增强了集料-水泥基体界面的粘结性，提升了煤碎混合料的强度增长率。

5.1.4 掺配方式的优选

综合前述分析，各组煤碎混合料表现出较好的规律性：比例替换下，煤碎混合料的强度随碎石掺量的增大而增大，但较大的碎石掺量不利于煤碎混合料长期强度的增长，结果表明，40%～60%碎石掺量可以兼顾煤碎混合料抗压强度与煤矸石利用率的平衡；粒径替换下，大粒径粗集料（9.5～31.5mm）替换后其强度提升更为明显，而煤矸石细集料对于混合料长期强度的增长起到了积极作用。

因此，在保证煤碎混合料7d无侧限抗压强度满足《公路路面基层施工技术细则》JTG/T F20—2015要求的基础上，同时考虑煤碎混合料的强度及其演化规律，采用以下三个原则对混合料掺配方式进行优选：(1)保障足够的抗压强度为首要原则；(2)更多地利用煤矸石；(3)系统研究碎石和煤矸石粗、细集料在混合料中的作用及区别。基于此，选取40%煤矸石、60%煤矸石、T1～T2、T1～T3、T4五组煤碎混合料，并以100%煤矸石、100%碎石作为对照组开展后续的研究，旨在通过五组煤碎混合料的其他路用性能优选出合适的掺配方式，并分析煤矸石、碎石粗细集料的应用特性差异，为掘进煤矸石在工程中高值化利用提供一定的借鉴。

5.2 弯拉强度

基层作为道路结构中的主要承重结构，在外加荷载作用下，不但要承受一定的竖向压应力，还要保证底层弯拉应力不至过大，避免产生较大的弯曲变形导致层底开裂。这就要求用于基层的煤碎混合料必须具有足够的抗弯拉强度，而煤矸石的脆性较大，自身又含有一定的煤粉等杂质减弱了水泥浆与集料的粘结力，但另一方面，煤矸石中含有的硅铝活性物质有利于煤碎混合料板结性的提升,将增大其弯拉强度。为此,本节测试了各组煤碎混合料的弯拉强度,以期明确煤碎混合料抗弯拉性能的优劣及其变化规律。

5.2.1 试验方法

依据《公路工程无机结合料稳定材料试验规程》JTG E51—2009 中成型梁式试件的要求,固定 4% 水泥剂量,结合击实试验结果制备 400mm(长)×100mm(宽)×100mm(高)的中梁试件,如图 5.6 所示。首先将闷料完成后的煤碎混合料充分搅拌,分三次装入梁式试模,每次均用铁棒振捣密实;然后将试模搬到压力机上按 98% 压实度静压成型,放置 4h 后脱模,并用塑料袋密封处理;最后将试件移入温度 20℃±2℃、相对湿度在 95% 以上的标准养护室进行养护。在达到规定龄期的前一天,取出试件浸水 24h 后开展后续试验测试。

图 5.6 梁式试件成型
(a) 拌料;(b) 静压成型;(c) 成型结束;(d) 脱模;(e) 养护;(f) 饱水

开展弯拉试验时,参照《公路工程无机结合料稳定材料试验规程》JTG E51—2009 中 T 0851—2009 的试验方法,将中梁试件分别标准养护期是 28d 和 90d,在养护龄期结束前 1d 进行饱水处理,之后移至万能材料实验机上开展弯拉强度试验,如图 5.7 所示。试验采用位移控制模式,四点弯曲方式加载,加载速率为 50mm/min。每组煤碎混合料单个龄期下制备 6 根中梁试件,共计 84 根梁式试件,试验记录下每根梁破坏的极限荷载 P,取其平均值作为最终试验结果。

煤碎混合料的弯拉强度按式(5.2)计算。

$$R_S = \frac{PL}{b^2 h} \tag{5.2}$$

式中 R_S ——弯拉强度(MPa);
P ——破坏极限荷载(kN);
L ——跨距,即两支点间的距离(mm);

b ——试件宽度（mm）；

h ——试件高度（mm）。

图 5.7　煤碎混合料弯拉强度试验

5.2.2　试验结果

各组煤碎混合料的弯拉强度试验结果如表 5.5 所示。

煤碎混合料弯拉强度试验结果　　　　　表 5.5

试验组别	28d 龄期		90d 龄期	
	破坏荷载（kN）	弯拉强度（MPa）	破坏荷载（kN）	弯拉强度（MPa）
100%煤矸石	3.48	1.04	4.36	1.31
60%煤矸石	3.94	1.18	4.85	1.46
40%煤矸石	4.35	1.31	5.24	1.57
100%碎石	5.13	1.54	6.07	1.82
T1~T2	4.33	1.30	5.25	1.58
T1~T3	4.60	1.38	5.62	1.69
T4	3.93	1.18	4.71	1.41

分析表 5.5 及图 5.8 中的试验结果可知，在煤矸石混合料中以比例替换或粒径替换方式掺入一定量碎石，有助于煤碎混合料弯拉强度的提升，且表现出与无侧限抗压强度类似的增长规律：整体上煤碎混合料的弯拉强度随养护龄期的增长、碎石掺量的增加而增大，但不同替换方式下的增长幅度不一。试件在受弯过程中，煤碎混合料内部结合料的粘结力及结合料与集料胶结面的界面过渡区是抵抗外加荷载的关键部分，其强度则主要来源于水泥胶浆的强度及集料的表面纹理等。当掺配方式改变后，集料间的粘结力及界面过渡区的特性随之改变，导致煤碎混合料的弯拉强度呈现不一样的演变规律。

比例替换下，弯拉强度的大小为 100%煤矸石＜60%煤矸石＜40%煤矸石＜100%碎石，这是因为煤矸石集料的存在一方面抑制了部分水泥的水化反应，水化产物减少，降低

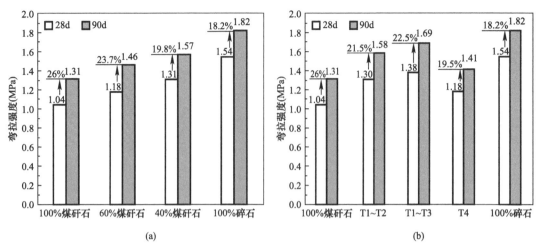

图 5.8 弯拉强度随龄期的增长情况
(a) 比例替换；(b) 粒径替换

胶粘剂的粘结力；另一方面也带来了煤粉颗粒等杂质吸附于煤矸石粗集料或石料之上，阻碍了胶粘剂与集料之间的粘结，界面过渡区的强度降低，两者叠加后进一步削弱了煤碎混合料的弯拉强度。但随着养护龄期的增加，由于煤矸石中的硅铝成分逐渐产生火山灰效应，使得含煤矸石更多的煤碎混合料表现出更大的增长幅度，提升了煤碎混合料后期弯拉强度增长的潜力。粒径替换后，煤碎混合料弯拉强度排序为：100%煤矸石＜T4＜T1～T2＜T1～T3＜100%碎石。其中，T1～T2、T1～T3强度增长主要受益于碎石质地较硬、表面纹理构造更优异和煤碎混合料中煤粉等杂质的减少，进而增大了煤碎混合料之间的摩阻力和界面过渡区的强度；T4与100%煤矸石相比，28d、90d弯拉强度均有所增长，反映出煤矸石细集料对混合料弯拉强度的负面影响，但100%煤矸石的弯拉强度增幅达到了26%，大于T4的19.5%，说明煤矸石细集料促进了后期的火山灰反应，增大了集料之间的粘结力。此外，T1～T2与T1～T3相比，弯拉强度及其增幅相差不大，说明煤矸石3号料与碎石3号料对弯拉强度的贡献相当，这也与无侧限抗压强度的变化规律类似。

《公路沥青路面设计规范》JTG D50－2017中规定水泥稳定粒料类的90d弯拉强度应在0.9MPa以上，按此标准，各掺配方式下的煤碎混合料均符合要求，而40%煤矸石与T1～T2的弯拉强度及增长潜力较好，可作为掺配方式的优选项。

5.3 动态抗压回弹模量

抗压回弹模量作为基层结构的主要设计参数之一，表征了基层材料弹性形变的难易程度，是评价路面材料刚度特性的主要指标。对于水泥稳定类基层，现阶段的沥青路面结构设计中采用的是90d抗压强度回弹模量，而配合比设计和施工质量控制则采用的是7d无侧限抗压强度，客观上导致了材料设计与结构设计的脱节，即材料的配合比设计参数与结构设计参数之间的不匹配问题。因此，有必要建立这两种参数之间的转化关系，通过一种指标的确定，合理预测并控制另一指标的变化，实现路面结构设计与施工质量控制的统一。

目前，对于材料设计参数与结构设计参数相统一的研究更多集中于水泥稳定碎石材料，而煤碎混合料有着不同于水泥稳定碎石的特性，鲜少针对煤碎混合料建立相应的转化关系，限制了对于材料性能的认知与评估。此外，在道路服役期间，外部荷载的反复作用是一个动态的过程，但抗压回弹模量是静态荷载作用下的结果，与实际不相符合。基于此，本节拟对不同龄期下的各组煤碎混合料开展动态抗压回弹模量测试，分析煤碎混合料动态抗压回弹模量的演化规律，并结合无侧限抗压强度建立对应的转化关系，为煤矸石混合料的路面设计和施工质量控制提供一定的依据。

5.3.1 试验方法

参照《公路工程无机结合料稳定材料试验规程》JTG E51—2009 中动态抗压回弹模量的测试方法，单个龄期下每个试验组各成型 6 个圆柱体试件，分别养护 7d、28d 和 90d，共计 126 个试件。动态抗压回弹模量试验见图 5.9，具体试验步骤如下：

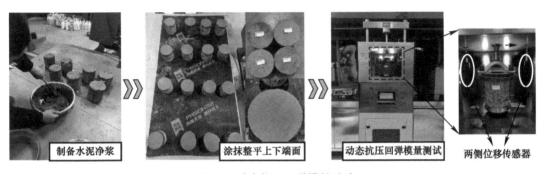

图 5.9　动态抗压回弹模量试验

（1）在相应的养护期结束后，取出试件并擦干试件表面，用制备好的水泥净浆抹平一个端面，放置 4h 后抹平另一端面，抹平后试件放置 8h 以上；

（2）将端面整平后的试件进行饱水处理 24h，水温为 20℃±2℃，结束后取出试件，擦干表面待用；

（3）在试验设备上输入每组试件的无侧限抗压强度代表值 P 与试件的直径、高度，无侧限抗压强度，具体数值见表 5.1、表 5.3。设定输入 Haversine 荷载波形，频率 10Hz，间歇时间 1min，6 级荷载级位（0.1P～0.6P），每级荷载作用 200 次；

（4）将试件移至测试设备上，安放稳定上下压板并固定好位移传感器后开始试验，试验开始前，对试件施加 0.3P 荷载，预压 30s。荷载由低至高逐级加载，搜集每级荷载最后 1s 时的最大、最小荷载，及对应的最大、最小变形。

动态抗压回弹模量值按式（5.3）进行计算。

$$E_{dc} = \frac{\sigma}{\varepsilon} = \frac{F_0 \times h}{(l_o - c) \times A} \tag{5.3}$$

式中　E_{dc}——试件动态抗压回弹模量值（MPa）；
　　　F_0——荷载振幅（N）；
　　　l_o——变形振幅（mm）；
　　　c——变形振幅修正值（mm）；

h ——试件高度（mm）；
A ——试件截面积（mm²）。

5.3.2 试验结果

各组煤碎混合料 7d、28d、90d 龄期下的动态抗压回弹模量试验结果见图 5.10。

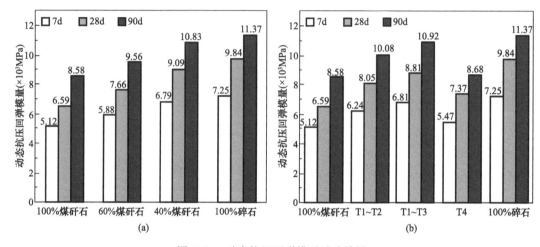

图 5.10 动态抗压回弹模量试验结果
(a) 比例替换；(b) 粒径替换

从图 5.10 可知，随着碎石掺量的增多，增大了集料之间的嵌挤作用，煤碎混合料中主骨架刚度不断提升，被原有的煤矸石集料所抑制的水泥水化反应得以加强，使得煤碎混合料的动态抗压回弹模量越来越大。在养护初期，水泥的水化反应尚未完全，材料的自身刚度及集料所构成的骨架强度承担着抵抗回弹变形的主要功能；随着龄期的增长，不断发生的水泥水化反应将增强煤碎混合料的整体刚度，且水化产物造成的碱性环境也加快煤矸石中硅铝组分的火山灰反应，进一步提升煤碎混合料的刚度，宏观上即表现为动态抗压回弹模量随龄期的增加而增大。对比抗压强度的变化可以发现，各组煤碎混合料模量之间的大小关系与强度结果所表现的关系相一致，符合一般力学性能间的共通性。

此外，煤碎混合料 7d 动态抗压回弹模量越大，其后期的抗压回弹模量也越大，但不同煤碎混合料在龄期增长过程中的模量增长速率并不一致，展现出差异性的增长潜力。比例替换下，以 100%煤矸石和 40%煤矸石为例，100%煤矸石在 28d、90d 的模量相较于 7d 模量分别增长 28.6%、67.6%；40%煤矸石分别增长 33.8%、59.4%；粒径替换下，T4 在 28d、90d 的模量分别较 7d 增长了 31.8%、58.7%，小于 100%煤矸石在 90d 时的增长速率（67.6%）。这说明煤矸石的存在有利于煤碎混合料后期动态回弹模量的提升，主要原因是后期煤矸石所发生的火山灰反应增大了集料之间的粘结并填充了部分空隙结构，卸载后的回弹空间减小，整体刚度得以提升。

从路面设计角度看，基层较高的回弹模量虽然可以减小沥青结构层的层底拉应力和路面结构层的总弯沉，节约路面厚度，但也带来更大的竖向压应力及剪应力，影响路面的高温稳定性及抗疲劳特性。对应于煤碎混合料，合理掺配方式下煤碎混合料的动态抗压回弹模量较100%碎石有所下降,即一定程度上提升了煤碎混合料的整体受力性能,柔性增加,在荷载作用下拥有更好的抵抗变形能力。在工程实践中,可以合理掺入部分煤矸石使得煤碎混合料变柔且具有更好的后期模量增长潜力,扩展煤矸石的应用场景。

图5.11为动态抗压回弹模量随龄期的变化情况。与无侧限抗压强度随龄期的增长规律类似,二者均在养护初期的增长速度较快,28d龄期后的增速趋缓,90d龄期后渐趋稳定。为定量描述并预测煤碎混合料的动态抗压回弹模量,将不同掺配方式下的模量值按式(5.4)进行拟合,结果如表5.6所示。

$$E_{dc} = c\ln T + d \tag{5.4}$$

式中 E_{dc}——动态抗压回弹模量(MPa);
T——龄期;
c, d——拟合参数。

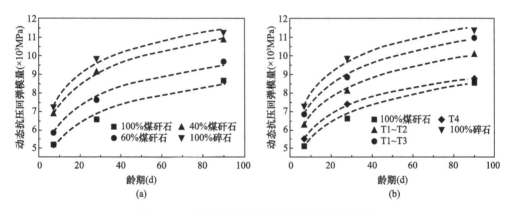

图5.11 动态抗压回弹模量随龄期的拟合规律
(a)比例替换;(b)粒径替换

煤碎混合料动态抗压回弹模量与龄期拟合结果　　表5.6

试验组别	拟合公式	相关系数 R^2
100%煤矸石	$E_{dc}=1.346\ln T+2.377$	0.962
60%煤矸石	$E_{dc}=1.434\ln T+3.023$	0.981
40%煤矸石	$E_{dc}=1.583\ln T+3.748$	0.968
100%碎石	$E_{dc}=1.619\ln T+4.206$	0.977
T1~T2	$E_{dc}=1.495\ln T+3.252$	0.983
T1~T3	$E_{dc}=1.603\ln T+3.622$	0.992
T4	$E_{dc}=1.260\ln T+3.063$	0.971

可以看出,各煤碎混合料的拟合公式相关系数均在0.962以上,拟合程度良好,所得拟合公式可对不同龄期下煤碎混合料的动态抗压回弹模量进行预测。

5.3.3 无侧限抗压强度与动态抗压回弹模量的转化

为实现材料设计参数与结构设计参数的统一,将各组煤碎混合料在相同龄期下的无侧限抗压强度与动态抗压回弹模量的回归关系,结果如图5.12及表5.7所示。

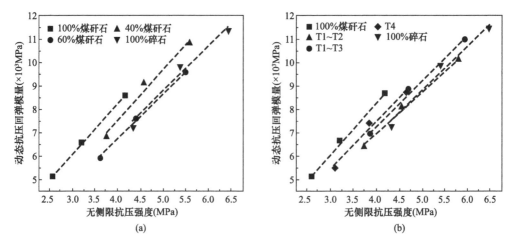

图 5.12 无侧限抗压强度与动态回弹模量的回归关系
(a) 比例替换；(b) 粒径替换

煤碎混合料动态抗压回弹模量与无侧限抗压强度回归结果　　　表 5.7

试验组别	回归结果	相关系数 R^2
100%煤矸石	$E_{dc}=1.89S_c^{1.06}$	0.994
60%煤矸石	$E_{dc}=1.50S_c^{1.08}$	0.989
40%煤矸石	$E_{dc}=1.58S_c^{1.13}$	0.950
100%碎石	$E_{dc}=1.53S_c^{1.08}$	0.954
T1~T2	$E_{dc}=1.64S_c^{1.04}$	0.983
T1~T3	$E_{dc}=1.71S_c^{1.04}$	0.992
T4	$E_{dc}=1.66S_c^{1.08}$	0.964

由图 5.12 可知，煤碎混合料无侧限抗压强度与动态抗压回弹模量存在较好的回归关系，随着碎石掺量的提升，回归曲线逐渐向上移动，说明混合料的强度和模量不断提升，这与前述中的分析相符合。

表 5.7 汇总了煤碎混合料无侧限抗压强度与动态抗压回弹模量的回归方程，相关系数较高，显示强度与模量具备优良的类线性相关关系。结合表 5.4 及表 5.6，可得到不同龄期下煤碎混合料无侧限抗压强度与动态抗压回弹模量的相互转化关系，即通过单一龄期下的单一指标测试，初步预估材料服役期间强度、模量的演化情况，实现了配合比设计、路面结构设计与施工质量控制的统一。

5.4 本章小结

本章首先测试了比例替换和粒径替换的 10 种煤碎混合料在 7d、28d、90d 的无侧限抗压强度，分析了龄期和掺配方式对煤碎混合料抗压强度的影响及演变规律，之后基于 3 种原则对混合料进行优选，并考察其弯拉强度（28d、90d）和动态抗压回弹模量（7d、28d、90d）的变化情况，最后给出了煤碎混合料的无侧限抗压强度与龄期、动态抗压回弹模量与龄期、无侧限抗压强度与动态抗压回弹模量的预测关系，主要结论归纳如下：

（1）比例替换下，随着碎石替换比例的增大，各龄期下的煤碎混合料强度逐渐增大，相较于100%煤矸石，比例替换混合料的7d抗压强度分别增长7.7%、37.8%、45.6%、61.8%和66.8%，其中，与100%煤矸石相比，80%煤矸石的抗压强度增幅不明显，20%煤矸石与100%碎石同样类似，表明替换20%煤矸石或80%煤矸石对于强度贡献不大。

（2）粒径替换下，替换粗集料或细集料均会增加抗压强度，19~31.5mm、9.5~19mm粗集料对于强度的影响显著，4.75~9.5mm粗集料影响较弱。煤矸石细集料会抑制水化反应的发展，对强度产生不利影响，但含煤矸石比例较大的混合料，强度增长幅度也越大，说明煤矸石在长期强度增长方面均具备优势，主要归因于后期火山灰效应的逐步发展。

（3）对煤碎混合料的优选主要基于三个原则：保障足够的抗压强度为首要原则；更多地利用煤矸石、系统研究碎石和煤矸石粗、细集料在混合料中的区别及作用。并基于这些原则选取了40%煤矸石、60%煤矸石、T1~T2、T1~T3、T4为研究对象，100%煤矸石、100%碎石为对照组进行后续性能评估。

（4）煤碎混合料的弯拉强度在比例替换下的排序为：100%煤矸石＜60%煤矸石＜40%煤矸石＜100%碎石；粒径替换下为：100%煤矸石＜T4＜T1~T2＜T1~T3＜100%碎石，呈现出随养护龄期的增长、碎石掺量的增大而增大的规律。随着后期煤矸石中硅铝组分发生反应，增大了集料间的粘结力，使得煤矸石占比较大的煤碎混合料后期弯拉强度增幅也更大。

（5）煤碎混合料的动态抗压回弹模量与抗压强度的变化规律相一致，二者与龄期的关系服从对数分布，在7~28d内增长速度较快，28d后增速趋缓，90d趋于稳定。合理的掺配方式可以缓和传统基层刚度过大带来的弊端，有效提升煤碎混合料的整体受力性能，增加其抗变形能力。

（6）构建了煤碎混合料动态抗压回弹模量与抗压强度的关系，实现了龄期、模量、强度的预测和转化，为煤碎混合料在配合比设计、路面结构设计与施工质量控制的统一提供了一定依据。

第6章

水泥稳定煤矸石-碎石混合料耐久性能研究

本章主要对水泥稳定煤矸石-碎石混合料开展冻融循环试验、干缩试验、弯曲疲劳试验研究，研究比例替换和粒径替换掺配方式对煤矸石碎石混合料抗冻性能、干缩性能、疲劳性能等耐久性能的影响变化规律。

6.1 冻融循环试验

基层用混合料的抗冻性能是检验其耐久性能优劣的重要指标，对于掘进煤矸石集料而言，由于具有一定的微孔结构，集料的吸水率较大，在温度较低的冬春季节受冻融循环作用的影响更大。在此过程中，混合料的毛细孔壁不断受到冻胀压力和渗透压力的作用，而煤矸石受制于内部结构和材料组成导致其抗冻性能较弱，在反复冻融作用下极易成为薄弱之处，使得混合料内部萌生一定的微裂纹并进一步扩展产生损伤，劣化煤碎混合料的抗冻性能。因此，为明确各组煤碎混合料抗冻性能的优劣，分析不同集料在冻融循环作用下的影响，对煤碎混合料开展冻融循环试验显得尤为重要。

6.1.1 试验方法

参照《公路工程无机结合料稳定材料试验规程》JTG E51—2009 中 T0858—2009 的冻融试验要求，将 ϕ150mm×150mm 的圆柱体试件置于标准养护室养护 28d，在第 27d 时将试件取出浸入水中 24h，之后取出试件擦干表面水后进行称重，其结果作为该组煤碎混合料的质量基准值 m_0，同时获取其无侧限抗压强度结果作为该组的强度基准值 R_C。冻融试验时，首先将已擦干称重后的试件放入恒定温度为 −18℃ 的冰箱内冷冻 16h，然后将其移至温度为 20℃ 的水中溶解 8h，待溶解结束后将试件表面水擦干，称量试件质量，即为完成一次冻融循环过程。本试验测试 28d 龄期下冻融循环 5 次后各煤碎混合料的无侧限抗压强度，每组分别制备 9 个冻融试验试件及 9 个不冻融对比试件，以质量损失率 W 和冻融残留强度比 BDR 为指标评价混合料的抗冻性能，计算公式如式（6.1）和式（6.2）所示，冻融循环试验见图 6.1。

$$BDR = \frac{R_{DC}}{R_C} \times 100 \tag{6.1}$$

$$W = \frac{m_0 - m_n}{m_0} \tag{6.2}$$

式中　BDR ——冻融残留强度比（%）；

　　　R_{DC} ——冻融循环后试件抗压强度（MPa）；

R_C——强度基准值，即未冻融试件抗压强度（MPa）；
W——冻融质量损失率（%）；
m_0——质量基准值，即未冻融试件质量（g）；
m_n——n 次冻融后试件质量（g）。

 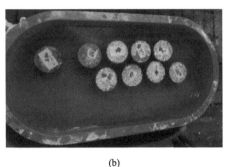

图 6.1 煤碎混合料冻融循环试验
(a) 冻结过程；(b) 融解过程

6.1.2 混合料质量损失分析

对 40%煤矸石、60%煤矸石、T1～T2、T1～T3、T4 及 100%煤矸石、100%碎石七组混合料开展 5 次冻融循环试验，称量其在每次冻融循环后的质量，并计算煤碎混合料的平均质量损失率 W，结果如表 6.1 所示。

煤碎混合料冻融循环后质量损失结果　　　　表 6.1

试验组别	质量基准值（g）	5次循环后质量（g）	质量损失率 W（%）				
			1次	2次	3次	4次	5次
100%煤矸石	6007.5	5932.5	0.183	0.386	0.614	0.836	1.241
60%煤矸石	6012.3	5950.0	0.104	0.284	0.547	0.752	1.037
40%煤矸石	6004.7	5949.8	0.087	0.205	0.453	0.676	0.913
100%碎石	6015.4	5969.7	0.045	0.148	0.427	0.504	0.755
T1～T2	5998.2	5938.9	0.097	0.268	0.523	0.726	0.988
T1～T3	6004.5	5952.7	0.071	0.183	0.446	0.595	0.862
T4	6000.8	5934.3	0.125	0.304	0.573	0.776	1.108

从表 6.1 可以看出，各组煤碎混合料在 5 次冻融循环后质量均减小，且随着冻融次数的增加，煤碎混合料的质量损失率也逐渐增大。其中 100%煤矸石的质量损失率最大，达到了 1.241%，而 100%碎石则最小，仅为 0.755%，反映出煤矸石自身抗冻性能较弱。此外，碎石的替换比例与煤碎混合料质量损失率呈正相关关系，40%煤矸石的质量损失率略小于 60%煤矸石，说明两者的体积稳定性较为接近。

粒径替换下，不论替换粗集料或细集料，煤碎混合料的质量损失率较 100%煤矸石都降低，这一方面是因为煤矸石集料的吸水率较碎石更大，在饱水状态下吸入更多水分，在之后的冻结过程中将产生更大的膨胀压力进而挤压煤碎混合料内部的孔隙壁，加之由于煤粉等杂质的存在，煤矸石与水泥浆基体的粘结性并不太高，更易造成集料之间的粘结下降，发生松散脱落等现象。另一方面，在不断的冻融循环作用下，试件将萌生更多的微裂纹并进一步扩展蔓延，使得水分逐渐渗入，冻结时产生的膨胀压力同样是造成质量损失率增大的原因。

图 6.2 展示了煤碎混合料在不同冻融循环次数下的质量损失率。随着冻融次数的上升，煤碎混合料的质量损失速率逐渐增大，但各组间的损失速率不尽相同。100%煤矸石与 60%煤矸石的质量损失速率一直保持较大水平，100%煤矸石在 4~5 次的冻融过程中损失速率突增，证明了 100%煤矸石的抗冻性能较差。而 40%煤矸石则表现出不同的速率变化情况：前期冻融损伤速率更低，后期逐渐升高，但仍低于 60%煤矸石和 100%煤矸石。这表明随着碎石掺量的增大，明显改善了前期冻融循环作用对试件质量损失的影响，且试件的整体质量损失也在减弱。同样的，100%碎石的前期质量损失率较低，随后呈现"升高-减缓-升高"的变化趋势，其原因可能是在冻融循环中期阶段，水泥浆与碎石间较高的粘结力及碎石间的嵌挤咬合作用抑制了煤碎混合料内部的膨胀压力和表面剥蚀的共同影响，使得质量损失速率减缓。

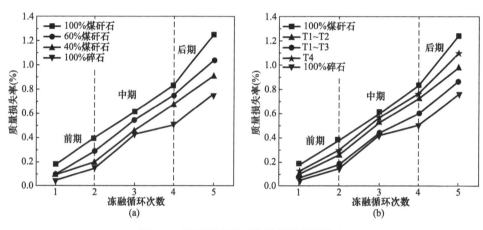

图 6.2 煤碎混合料冻融循环质量损失率
(a) 比例替换；(b) 粒径替换

对于 T1~T2、T1~T3、T4 来说，前期质量损失速率较 100%煤矸石均减小，随后逐渐增大但始终位于 100%煤矸石与 100%碎石之间。其中，T1~T2 与 40%煤矸石的变化情况相一致，质量损失率也较为接近；T1~T3 与 100%碎石对比，仅在中期表现出更大的损失速率，而 T4 在后期的损失速率也小于 100%煤矸石，这表明煤矸石细集料对混合料抗冻性能有负面影响。综合来看，各组煤碎混合料的质量损失率小于《公路工程无机结合料稳定材料试验规程》JTG E51—2009 限值 5%，说明煤碎混合料的体积稳定性较好，冻融循环作用不会产生较大变形。

6.1.3 混合料冻融残留强度比分析

对前述 7 组煤碎混合料在 5 次冻融循环后的无侧限抗压强度进行了测试，并计算其冻融残留强度比 BDR，煤碎混合料冻融残留强度比结果如表 6.2 所示、冻融前后强度下降率如图 6.3 所示。

第6章 水泥稳定煤矸石-碎石混合料耐久性能研究

煤碎混合料冻融残留强度比结果　　　　表 6.2

试验组别	无侧限抗压强度（MPa）				BDR（%）
	冻融前	变异系数	冻融后	变异系数	
100%煤矸石	3.19	5.61	2.30	4.18	72.10
60%煤矸石	4.40	4.24	3.50	3.94	79.55
40%煤矸石	4.57	7.16	3.81	5.23	83.40
100%碎石	5.39	3.77	4.67	2.84	86.64
T1~T2	4.54	7.24	3.44	3.22	75.77
T1~T3	4.67	6.12	3.63	6.47	77.73
T4	3.84	3.51	3.13	4.34	81.51

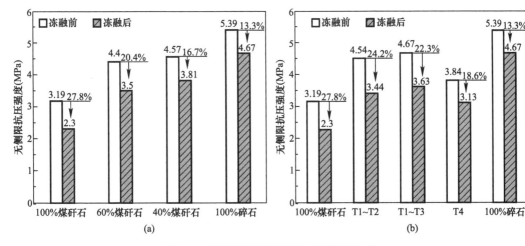

图 6.3　煤碎混合料冻融前后强度下降率
(a) 比例替换；(b) 粒径替换

由表6.2可知，煤碎混合料的冻融残留强度比随碎石掺量的增大而增大，意味着冻融循环作用对煤碎混合料的负面影响在降低；替换粗、细集料后，冻融残留强度比均有所提高，T1~T3 与 T1~T2 的冻融残留强度比相差不大，说明3号料对混合料的抗冻性能影响较弱，而 T4 与 T1~T3、T1~T2 相比的冻融残留强度比最大，表明将煤矸石细集料替换后可以更大程度减弱冻融循环作用的不利影响。

图6.3为煤碎混合料在冻融前后的强度下降情况。结果显示，在冻融循环作用下，煤碎混合料中煤矸石的含量越高，其强度损失降幅越大，抗冻性能越弱。分析其原因：煤矸石的孔隙率大于碎石，存在较多凹凸不平的胶结面，增大了集料之间的空隙，进而使得煤矸石的吸水率更高，在冻融过程中产生了更大的冻胀力，加上煤矸石自身的抗压性能偏弱，更易造成集料之间的孔隙壁发生挤压破坏，增大了煤碎混合料强度损失的降幅；其次，煤矸石表面含有煤粉等杂质，易形成煤矸石集料与水泥砂浆的薄弱层，在冻融过程中，冰融化和自由水引起的膨胀压力和渗透压力交替循环，加剧了薄弱层及裂缝的形成与扩展，煤碎混合料内部结构劣化，强度损失降幅随之升高；最后，煤碎混合料内部的薄弱层也可能在冻融循环下发生相对滑移，在煤碎混合料受压时更易发生破坏。此外，T4 与100%煤矸石相比，冻融前后强度下降率大幅降低，同样的情况也发生在 T1~T3 与100%

碎石中,综合 BDR 结果的分析,这意味着煤矸石细集料相较于粗集料,更显著地影响煤碎混合料的抗冻性能,可能与细集料更大的吸水性以及对水化作用的抑制有关。

综合来看,在各试验组中,煤碎混合料的 BDR 值均在 75% 以上,远大于《公路工程抗冻设计与施工技术细则》(交公便字[2006]02号)中规定的 BDR≥50% 的要求,说明煤碎混合料符合路用基层抗冻性能的应用条件。其中,40% 煤矸石的 BDR 值最大,冻融前后的强度损失最低,具备更优异的抗冻性能。

6.2 干缩试验

半刚性基层材料铺筑成型后,在外界温度、湿度变化时会产生收缩现象,形成收缩裂缝,劣化基层的路用性能。当煤矸石用于筑路材料铺筑基层时,存在脆性大、抗变形能力弱等缺点,与碎石的技术性能有一定的差距,在温湿度改变及荷载的作用下可能更易产生开裂,导致路面反射裂缝的生长和扩展。而在我国中南部地区,由碎石混合料中毛细水的挥发所造成的干燥收缩,是半刚性基层产生裂缝的主要原因。因此,本节拟对煤碎混合料的干缩性能展开探讨,分析比例替换及粒径替换对干缩性能的影响,阐释不同煤碎混合料的干缩性能及其变化规律,为减少煤矸石基层的裂缝,提高路面服役效能做出铺垫。

6.2.1 试验方法

干缩试验时,每组煤碎混合料成型中梁试件 6 个,其中 3 个用以测定含水量,3 个用于测定试件收缩变形,共制备 42 个试件。参照《公路工程无机结合料稳定材料试验规程》JTG E51—2009 中干缩试验测试方法,试件在 7d 养护龄期结束后取出,擦干试件表面,在两端粘贴载玻片后放置在收缩仪上,固定并调整好千分表,如图 6.4 所示,之后将试件转移至干缩试验箱中进行干缩试验。试验的第一周内,在每天相同时间称量需测试失水率试件的质量,读取同组干缩试件的千分表示数并记录,一周后每两天进行一次称量,干缩周期为 29d,试验完成后烘干试件并称重。干缩性能各评价指标按式(6.3)~式(6.7)计算,取各组平均值作为最终测试结果。

$$w_i = \frac{m_i - m_{i+1}}{m_p} \tag{6.3}$$

$$\delta_i = \sum_{j=1}^{2} X_{i,j} - \sum_{j=1}^{2} X_{i+1,j} \tag{6.4}$$

$$\varepsilon_i = \frac{\delta_i}{l} \tag{6.5}$$

$$\alpha_{di} = \frac{\varepsilon_i}{w_i} \tag{6.6}$$

$$\alpha_d = \frac{\sum \varepsilon_i}{\sum w_i} \tag{6.7}$$

式中 w_i——第 i 天的失水率(%);

m_i——第 i 天的试件质量(g);

m_p——烘干后的试件质量（g）；

δ_i——第 i 天的干缩变形量（mm）；

$X_{i,j}$——第 i 天第 j 个千分表的示数（mm）；

ε_i——第 i 天的干缩应变（10^{-6}）；

l——试件长度（mm）；

α_{di}——第 i 天的干缩系数（10^{-6}）；

α_d——总干缩系数（10^{-6}）。

图 6.4　煤碎混合料干缩试验

6.2.2　干缩试验结果

各组煤碎混合料的干缩试验结果如表 6.3～表 6.9 所示。

100%煤矸石干缩试验结果　　　表 6.3

天数（d）	失水量（g）	累计失水率（%）	干缩应变（10^{-6}）	累计干缩应变（10^{-6}）	平均干缩系数（10^{-6}）
1	126.7	1.33	91.7	91.7	68.9
2	82.0	2.19	82.2	173.9	79.4
3	69.6	2.92	75.0	248.9	85.2
4	51.5	3.46	67.7	316.6	91.5
5	40.0	3.88	59.8	376.4	97.0
6	28.3	4.18	52.3	428.7	102.6
7	21.8	4.41	45.4	474.1	107.5
9	16.2	4.58	35.0	509.1	111.2
11	10.5	4.69	24.2	533.3	113.7
13	7.6	4.77	17.8	551.1	115.5
15	4.8	4.82	11.5	562.6	116.7
17	4.8	4.87	9.2	571.8	117.4
19	3.7	4.91	6.7	578.5	117.8
21	2.9	4.94	5.4	583.9	118.2
23	2.7	4.96	4.6	588.5	118.6

续表

天数（d）	失水量（g）	累计失水率（%）	干缩应变（10^{-6}）	累计干缩应变（10^{-6}）	平均干缩系数（10^{-6}）
25	1.9	4.98	4.0	592.5	119.0
27	1.7	4.99	3.2	595.7	119.4
29	1.3	5.00	2.5	598.2	119.6

60%煤矸石干缩试验结果 表6.4

天数（d）	失水量（g）	累计失水率（%）	干缩应变（10^{-6}）	累计干缩应变（10^{-6}）	平均干缩系数（10^{-6}）
1	120.5	1.26	85.7	85.7	68.0
2	83.2	2.13	77.5	163.2	76.6
3	64.1	2.80	71.2	234.4	83.7
4	49.7	3.32	62.6	297	89.5
5	38.3	3.72	57.3	354.3	95.2
6	26.8	4.00	47.3	401.6	100.4
7	18.2	4.19	39.0	440.6	105.2
9	17.2	4.37	32.7	473.3	108.3
11	12.4	4.50	20.7	494	109.7
13	7.7	4.58	17.0	511	111.6
15	4.8	4.63	10.5	521.5	112.6
17	3.8	4.67	7.3	528.8	113.2
19	2.9	4.70	6.3	535.1	113.8
21	2.9	4.73	6.0	541.1	114.4
23	1.9	4.75	5.2	546.3	115.0
25	1.8	4.77	4.3	550.6	115.4
27	1.0	4.78	3.9	554.5	116.0
29	1.0	4.79	3.0	557.5	116.3

40%煤矸石干缩试验结果 表6.5

天数（d）	失水量（g）	累计失水率（%）	干缩应变（10^{-6}）	累计干缩应变（10^{-6}）	平均干缩系数（10^{-6}）
1	106.6	1.12	74.5	74.5	66.5
2	77.1	1.93	66.0	140.5	72.8
3	59.0	2.55	61.2	201.7	79.1
4	45.7	3.03	54.6	256.3	84.6
5	38.1	3.43	47.2	303.5	88.5
6	26.6	3.71	37.5	341	91.9
7	17.1	3.89	31.0	372	95.6
9	14.3	4.04	27.6	399.6	98.9
11	12.4	4.17	17.2	416.8	100.0

续表

天数（d）	失水量（g）	累计失水率（%）	干缩应变（10^{-6}）	累计干缩应变（10^{-6}）	平均干缩系数（10^{-6}）
13	7.6	4.25	14.5	431.3	101.5
15	5.7	4.31	8.2	439.5	101.9
17	3.8	4.35	6.1	445.6	102.5
19	3.8	4.39	5.4	451.0	102.8
21	2.9	4.42	4.8	455.8	103.1
23	2.8	4.45	4.2	460.0	103.4
25	2.8	4.48	3.7	463.7	103.5
27	2.0	4.50	3.3	467	103.8
29	1.9	4.52	3.1	470.1	104.0

100%碎石干缩试验结果　　表6.6

天数（d）	失水量（g）	累计失水率（%）	干缩应变（10^{-6}）	累计干缩应变（10^{-6}）	平均干缩系数（10^{-6}）
1	98.4	1.03	65.8	65.8	63.9
2	69.8	1.76	59.4	125.2	71.1
3	59.3	2.38	52.8	178	74.8
4	44.0	2.84	48.4	226.4	79.7
5	34.4	3.20	40.0	266.4	83.3
6	23.9	3.45	32.3	298.7	86.6
7	17.2	3.63	25.5	324.2	89.3
9	13.4	3.77	21.3	345.5	91.7
11	11.5	3.89	15.1	360.6	92.7
13	9.6	3.99	10.9	371.5	93.1
15	6.7	4.06	7.3	378.8	93.3
17	4.8	4.11	6.0	384.8	93.6
19	3.8	4.15	5.3	390.1	94.0
21	3.8	4.19	4.6	394.7	94.2
23	3.8	4.23	3.9	398.6	94.3
25	1.9	4.25	3.3	401.9	94.6
27	1.8	4.27	2.8	404.7	94.8
29	1.0	4.28	2.5	407.2	95.1

T1～T2干缩试验结果　　表6.7

天数（d）	失水量（g）	累计失水率（%）	干缩应变（10^{-6}）	累计干缩应变（10^{-6}）	平均干缩系数（10^{-6}）
1	93.0	0.98	57.8	57.8	59.0
2	69.3	1.71	52.2	110	64.3
3	46.5	2.20	46.2	156.2	71.0

续表

天数（d）	失水量（g）	累计失水率（%）	干缩应变（10^{-6}）	累计干缩应变（10^{-6}）	平均干缩系数（10^{-6}）
4	41.8	2.64	40	196.2	74.3
5	26.6	2.92	33.4	229.6	78.6
6	17.1	3.10	26.8	256.4	82.7
7	18.8	3.30	21.8	278.2	84.3
9	13.3	3.44	18.2	296.4	86.2
11	8.5	3.53	12	308.4	87.4
13	6.6	3.60	9.6	318	88.3
15	5.7	3.66	8.6	326.6	89.2
17	5.7	3.72	6.4	333	89.5
19	4.8	3.77	6.1	339.1	89.9
21	4.7	3.82	5.3	344.4	90.2
23	4.5	3.87	4.5	348.9	90.2
25	3.8	3.91	4.3	353.2	90.4
27	2.8	3.94	4.3	357.5	90.7
29	2.8	3.97	3.7	361.2	91.0

T1～T3 干缩试验结果　　表6.8

天数（d）	失水量（g）	累计失水率（%）	干缩应变（10^{-6}）	累计干缩应变（10^{-6}）	平均干缩系数（10^{-6}）
1	87.7	0.92	54.3	54.3	59.0
2	68.6	1.64	47.6	101.9	62.2
3	47.7	2.14	42.1	144.0	67.3
4	31.5	2.47	35.5	179.5	72.7
5	26.7	2.75	30.6	210.1	76.4
6	23.8	3.00	26.9	237.0	79.0
7	11.4	3.12	19.8	256.8	82.3
9	9.5	3.22	15.8	272.6	84.6
11	7.6	3.30	10.1	282.7	85.7
13	6.7	3.37	7.6	290.3	86.1
15	6.7	3.44	6.7	297.0	86.3
17	4.8	3.49	5.3	302.3	86.6
19	3.8	3.53	4.4	306.7	86.9
21	2.9	3.56	3.9	310.6	87.2
23	2.9	3.59	2.8	313.4	87.3
25	1.9	3.61	4.5	317.9	88.1
27	1.9	3.63	2.4	320.3	88.2
29	1.0	3.64	2.3	322.6	88.6

第6章 水泥稳定煤矸石-碎石混合料耐久性能研究

T4 干缩试验结果 表 6.9

天数（d）	失水量（g）	累计失水率（%）	干缩应变（10^{-6}）	累计干缩应变（10^{-6}）	平均干缩系数（10^{-6}）
1	133.1	1.40	107.3	107.3	76.6
2	81.8	2.26	95.1	202.4	89.5
3	69.4	2.99	86.6	289	96.7
4	54.2	3.56	78.0	367	103.1
5	43.7	4.02	66.8	433.8	107.9
6	29.5	4.33	60.2	494	114.1
7	24.7	4.59	50.9	544.9	118.7
9	20.0	4.80	39.6	584.5	121.8
11	12.4	4.93	30.7	615.2	124.8
13	8.6	5.02	21.0	636.2	126.7
15	5.7	5.08	14.3	650.5	128.1
17	5.6	5.14	10.0	660.5	128.5
19	5.6	5.20	8.4	668.9	128.6
21	3.8	5.24	7.1	676	129.0
23	3.7	5.28	6.0	682	129.1
25	3.7	5.32	5.2	687.2	129.2
27	2.8	5.35	4.4	691.6	129.3
29	1.0	5.36	3.7	695.3	129.7

为便于对比各煤碎混合料的干缩性能，将表 6.3～表 6.9 中累积干缩试验结果汇总列于表 6.10 中。

煤碎混合料干缩试验结果 表 6.10

试验组别	累计失水率（%）	最大干缩应变（10^{-6}）	累计干缩应变（10^{-6}）	平均干缩系数（10^{-6}）
100%煤矸石	5.00	91.7	598.2	119.6
60%煤矸石	4.79	85.7	557.5	116.3
40%煤矸石	4.52	74.5	470.1	104.0
100%碎石	4.28	65.8	407.2	95.1
T1～T2	3.97	57.8	361.2	91.0
T1～T3	3.64	54.3	322.6	88.6
T4	5.36	107.3	695.3	129.7

6.2.3 干缩试验结果分析

由表 6.10 可知，煤碎混合料的累计失水率、累计干缩应变与干缩系数呈正相关，失水率越大时，干缩应变及干缩系数也越大。综合来看，随着碎石的逐步替换，各干缩指标越来越小，排序为：T1～T3＜T1～T2＜100%碎石＜40%煤矸石＜60%煤矸石＜100%煤矸石＜T4，结果显示除 T4 外，碎石替换后表现出更优异的干缩性能。

图 6.5 展示了煤碎混合料累计失水率随时间的变化情况,可以看出,随着干燥时间的延长,失水率逐渐增大。在 0~7d 内,混合料处于快速失水期;在 7~21d 内,失水速率逐渐减弱;21~29d 中,混合料失水率基本稳定。在 7d 以内,试件由饱水状态转移至干燥箱后,混合料外层集料含有的自由水由于水分迁移路径较短、与外部干燥环境接触面积大等原因将快速挥发,使得失水速率快速上升;与此同时,煤碎混合料内部也会发生一定的水化反应,进一步消耗了煤碎混合料中的水分。随着时间的延长,外部水分挥发殆尽,内部水化反应所需的原料减少,水化程度趋于完全,加之生成的产物裹覆在水泥和集料表面,降低了水化反应的速率,煤碎混合料的失水速率渐趋缓慢。

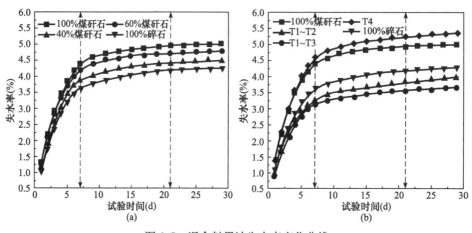

图 6.5 混合料累计失水率变化曲线
(a) 比例替换;(b) 粒径替换

对比来看,随着碎石掺量的增加,煤碎混合料的失水率逐渐降低,这是因为煤矸石的孔隙结构更多,需吸收更多水分达到饱水状态,同时保水性也较差,水分更易挥发;随着碎石比例的提升,煤碎混合料的干密度变大,饱水状态下试件的含水率越低,失水率也相对更低。值得注意的是,粗、细集料替换后煤碎混合料的失水率排序为:T1~T3＜T1~T2＜100%碎石＜100%煤矸石＜T4,说明替换粗集料减缓了失水率,替换细集料则增加了失水率,其原因是碎石质地紧密,抑制了煤碎混合料的失水,而煤矸石细集料具备一定的保水特性,且对水化反应具有负面影响,减少了反应用水,使得 T1~T2 和 T1~T3 的失水率较小,而 T4 的失水率最大。

图 6.6 为煤碎混合料干缩应变随时间的变化情况。与失水率变化规律类似,干缩应变的增长速率同样经历了"快速—减缓—稳定"三个阶段,干缩应变随失水率的增加而逐渐增大,呈一定的正相关关系,失水率越大时,对应的干缩应变值也最大。事实上,材料的干缩应变很大程度取决于失水率,材料失水将导致煤碎混合料内部毛细管压力、吸附水和分子间力、层间水和碳化脱水作用的减弱,造成材料体积收缩,进而增大其干缩应变。

比例替换下,煤碎混合料干缩应变随碎石掺量增大而减小,原因在于煤矸石孔隙率大、吸水能力强、界面粘结力弱,且低强度集料难以产生较大的约束作用,煤碎混合料易发生大的干缩应变。碎石替换后,一方面改善了材料的孔隙及界面结构,另一方面,集料强度得以提升、颗粒棱角特性得以加强又进一步增大了对干缩应力的约束,从而提升了煤碎混合料的抗干缩性能。粒径替换下,T1~T2、T1~T3 的干缩应变最小(小于 100%碎

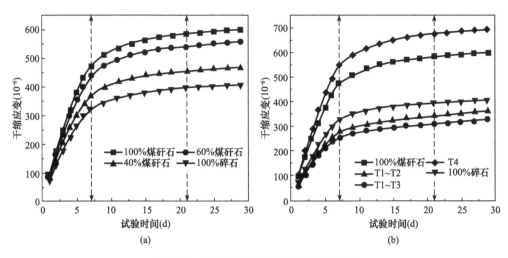

图 6.6 混合料累计干缩应变变化曲线
(a) 比例替换；(b) 粒径替换

石），而 T4 的干缩应变最大（大于100%煤矸石），表明煤矸石细集料对煤碎混合料的干缩起到了增益作用，其原因主要有两个：(1) 煤矸石细集料含有较多的煤粉等杂质，不利于煤碎混合料的水化反应，水化产物减少，材料的收缩源减少；(2) 煤矸石具备部分微集料的填充作用，即未参与水化及火山灰反应的煤矸石细颗粒会均匀分布在水泥基浆体中，填充水化反应所产生的空隙，增大煤碎混合料密实度，改善空隙结构进而抑制煤碎混合料的干燥收缩。因此，在实际工程应用中，可考虑掺配一定比例的煤矸石细集料并做好铺筑完成后 7d 内的保水养护处理，以减缓煤碎混合料的干缩。

干缩系数是指单位含水量变化时所对应的材料应变的变化量，表征材料对水分变化的敏感性，干缩系数越小，则材料的水分敏感性越弱。由图 6.7 可以看出，煤碎混合料的干

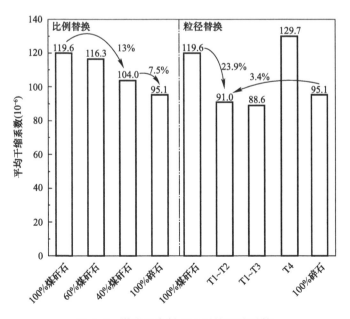

图 6.7 煤碎混合料 90d 平均干缩系数

缩系数的变化规律与干缩应变一致。在各试验组中，以100%煤矸石为参照组，40%煤矸石的干缩系数下降了13%，T1~T2下降了23.9%，说明这两种掺配方式均降低了煤碎混合料的水分敏感性，且较好地兼顾了更多利用煤矸石的要求。相比之下，40%煤矸石掺配方式更多利用煤矸石材料，但干缩较差，可应用于较低要求的路面，而T1~T2掺配方式集中利用了3号、4号料，推荐应用于高等级的路面。

6.3 疲劳试验

路面基层服役期间，不仅受到外部拉压弯应力的多重作用，亦会在交通荷载和环境因素等多重耦合作用下发生疲劳开裂。而随着疲劳裂缝的逐步发展，道路承载力水平不断降低，同时导致面层出现裂缝，使外部水分浸入道路结构内部，进一步加剧道路水损害并最终破坏道路的使用性能。就煤碎混合料而言，其内部的碎石、煤矸石集料及水泥浆基体存在许多空洞和微裂纹，在外部荷载的反复作用下，低强度的煤矸石容易发生应力集中，形成主裂纹并持续扩展。并且由于煤矸石的多孔疏松结构和高吸水性，裂纹扩展后更易吸收外界水分，使得水损害更加严重。

因此，评估煤碎混合料的疲劳性能、探索合理的掺配方式对于煤矸石基层的高值化应用具有重要的实践意义，但现有研究多集中于混合料的力学强度及抗裂特性，缺乏对煤碎混合料疲劳性能的讨论。为此，本节基于四点弯曲疲劳试验，系统研究不同掺配方式下煤碎混合料的疲劳性能，分析煤碎混合料在长周期反复荷载作用下的变化，以期为路面结构设计提供一定参考。

6.3.1 疲劳试验方案

依据《公路工程无机结合料稳定材料试验规程》JTG E51—2009规定的疲劳试验方法，通过MTS万能材料试验机进行四点弯曲疲劳试验。试验采用应力控制模式，对试件施加连续Haversine荷载波，频率10Hz，每个工况设定4个应力比水平（0.65、0.7、0.75、0.8），每个应力比下设置4次平行试验，最大荷载P_{max}由极限弯拉强度（表5.5）和应力比共同确定，最小荷载P_{min}为0.02倍最大荷载，最终以试件断裂作为煤碎混合料疲劳失效的判断依据。

本书疲劳试件的养护龄期为90d，共成型112个中梁试件，试验过程如图6.8所示：首先将中梁试件标准养护89d后浸水处理1d，然后取出试件擦干表面水，测量试件的质量和几何尺寸，并在试件的四分点位置做好标记；之后将试件移至MTS试验机上对准标记放置，在表面覆盖湿毛巾防止试件风干，调整上下夹具使夹具与试件上下表面接触良好。试件放置时需确保荷载作用方向与成型时的压力方向一致，在试验开始前，取0.2倍应力强度比水平预压2min后进行正式疲劳测试。

6.3.2 疲劳试验结果

各煤碎混合料在不同应力比下的四点弯曲疲劳寿命如表6.11所示。

第6章 水泥稳定煤矸石-碎石混合料耐久性能研究

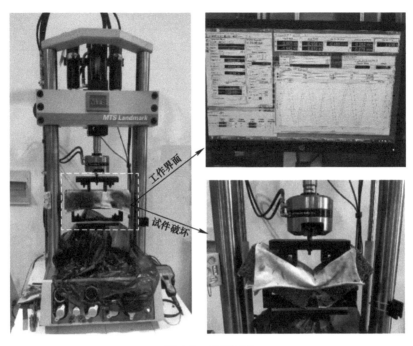

图 6.8 疲劳试验

煤碎混合料疲劳试验结果　　　　　　　　　　　表 6.11

混合料类型	应力比水平	疲劳寿命 N_f			
100%煤矸石	0.65	31434	36160	41234	51283
	0.70	8172	19969	18099	25706
	0.75	4360	5336	6340	13120
	0.80	504	1002	1860	2706
60%煤矸石	0.65	46814	55283	59266	64106
	0.70	27589	30237	38132	41263
	0.75	8378	12464	15485	24182
	0.80	1333	2538	3793	4096
40%煤矸石	0.65	50197	63024	73586	79016
	0.70	31722	38675	41892	49927
	0.75	13357	24473	26581	30606
	0.80	1763	2488	3822	4332
100%碎石	0.65	53341	78751	83622	90635
	0.70	36663	45381	55712	63775
	0.75	18696	28351	32602	35933
	0.80	2340	2557	4022	4512
T1~T2	0.65	40687	57002	68654	73365
	0.70	26034	35502	41226	47094
	0.75	9867	13340	17762	22390
	0.80	1957	2212	3121	3264

续表

混合料类型	应力比水平	疲劳寿命 N_f			
T1~T3	0.65	44200	63744	78080	82250
	0.70	28660	39636	47708	50092
	0.75	15573	21440	25688	26910
	0.80	1730	2280	3468	3770
T4	0.65	32721	40850	46034	53307
	0.70	14322	20384	27300	32579
	0.75	6004	9355	12243	16481
	0.80	1036	1277	2136	2480

观察表 6.11 中的数据可以看出，各组煤碎混合料的疲劳寿命相差较大，而同种煤碎混合料在同一应力水平下的疲劳寿命也显示出较大差异，表明煤碎混合料的测试数据与水泥稳定碎石类似，同样具备高离散性的特点。为此，往往需要对测试数据进行威布尔（Weibull）分析以更准确评估煤碎混合料的疲劳寿命。

6.3.3 Weibull 分布检验

现有研究认为，三参数 Weibull 分布可以较好地处理疲劳寿命数据中的随机性和分散性，其概率密度函数如式（6.8）所示：

$$f(N) = \frac{b}{N_a - N_0}\left(\frac{N - N_0}{N_a - N_0}\right)^{b-1} \exp\left[-\left(\frac{N - N_0}{N_a - N_0}\right)^b\right] \tag{6.8}$$

式中　N_0——最小寿命参数；

　　　N_a——特征寿命参数；

　　　b——Weibull 形状参数。

当失效概率为 p 时，对应的 Weibull 分布函数可由式（6.8）积分而得：

$$f(p) = p(N_\xi < N_p) = \int_{N_0}^{N_p} f(N) \mathrm{d}N = 1 - \exp\left[-\left(\frac{N_p - N_0}{N_a - N_0}\right)^b\right] \tag{6.9}$$

式中，N_p 为失效概率为 p 时的疲劳寿命。

令 $t_a = -(N_a - N_0)^b$，表示模型尺度参数，则式（6.9）可写为：

$$f(p) = 1 - \exp\left[\frac{(N_p - N_0)^b}{t_a}\right] \tag{6.10}$$

对式（6.10）进行变换，并两边同取对数，可得：

$$\ln\left[\ln\left(\frac{1}{1-f(p)}\right)\right] = b\ln(N_p - N_0) - \ln t_a \tag{6.11}$$

试验中第 i 个试样的疲劳失效概率 $F(N_i)$ 可由式（6.12）得出：

$$F(N_i) = p_i \approx \frac{i - 0.3}{n + 0.4} \tag{6.12}$$

假定材料的等效疲劳寿命 $\overline{N} = N_p$ 服从三参数 Weibull 分布，为了可靠和简便，取最小寿命 $N_0 = 0$ 带入式（6.11）中，可化简得两参数 Weibull 分布函数：

$$\ln\left[\ln\left(\frac{1}{1-f(p)}\right)\right] = b\ln N_i - \ln t_a \tag{6.13}$$

由式（6.13）可以看出，若$\ln[\ln(1/(1-f(p)))]$与$\ln N_i$存在良好的线性关系，则疲劳试验数据符合Weibull分布，并可依据线性回归结果计算出一定失效概率下的疲劳寿命。因此，按式（6.13）对煤碎混合料疲劳寿命进行回归计算，结果如图6.9所示。

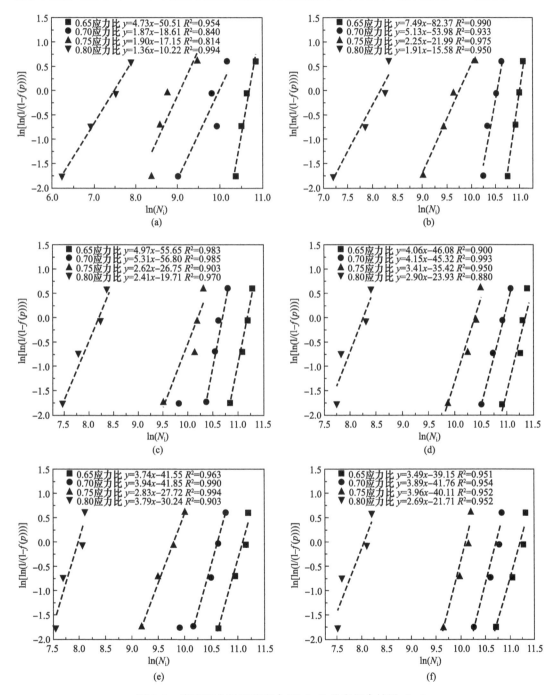

图6.9 煤碎混合料疲劳寿命Weibull分布拟合结果（一）
(a) 100%煤矸石；(b) 60%煤矸石；(c) 40%煤矸石；(d) 100%碎石；(e) T1~T2；(f) T1~T3

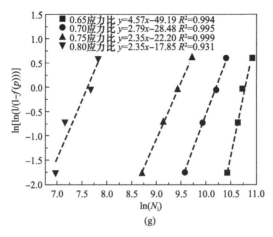

图 6.9 煤碎混合料疲劳寿命 Weibull 分布拟合结果（二）
(g) T4

从图 6.9 可知，混合料在四种应力水平下，$\ln[\ln(1/(1-f(p)))]$ 与 $\ln N_\mathrm{f}$ 均具有良好的线性相关关系，说明煤碎混合料的疲劳试验结果符合 Weibull 分布规律，因此，利用 Weibull 分布理论计算煤碎混合料是可行的。本书选择 95% 和 50% 两种可靠度水平，由图示中各拟合公式所求出的回归系数，反算出对应可靠度下的等效疲劳寿命，结果如表 6.12、表 6.13 所示。

95% 可靠度下煤碎混合料的等效疲劳寿命　　表 6.12

混合料类型	应力比水平			
	0.65	0.70	0.75	0.80
100%煤矸石	23712	4288	1743	207
60%煤矸石	40166	20814	4690	737
40%煤矸石	40119	25271	8746	1039
100%碎石	40872	27033	13577	1377
T1~T2	30197	19303	6282	1333
T1~T3	31783	21412	11834	1060
T4	24679	9352	3579	562

50% 可靠度下煤碎混合料的等效疲劳寿命　　表 6.13

混合料类型	应力比水平			
	0.65	0.70	0.75	0.80
100%煤矸石	40183	17256	6860	1401
60%煤矸石	56863	34572	14919	2879
40%煤矸石	67738	41266	23624	3060
100%碎石	77614	50625	29132	3379
T1~T2	60573	37377	15764	2650
T1~T3	67024	41815	22838	2792
T4	43630	23778	10839	1702

6.3.4 疲劳寿命分析

按照单对数疲劳方程，分别对 95%、50% 可靠度下四种应力比的等效疲劳寿命按式（6.14）进行拟合，所得各煤碎混合料的疲劳寿命预估曲线，见图 6.10。

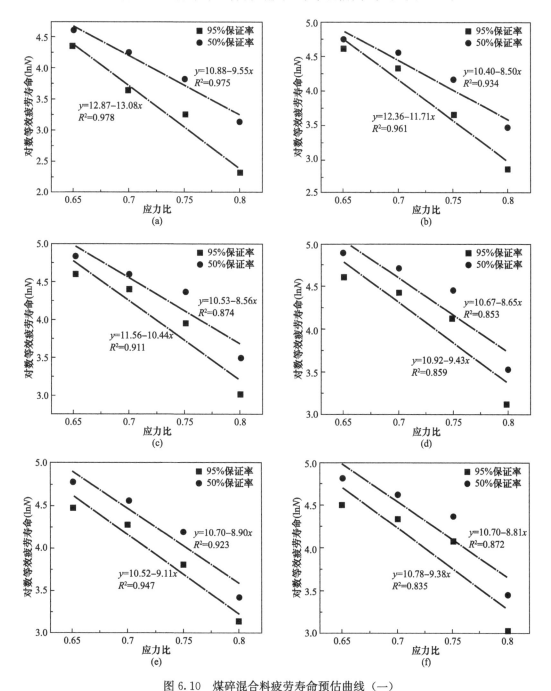

图 6.10 煤碎混合料疲劳寿命预估曲线（一）

(a) 100%煤矸石；(b) 60%煤矸石；(c) 40%煤矸石；(d) 100%碎石；(e) T1~T2；(f) T1~T3

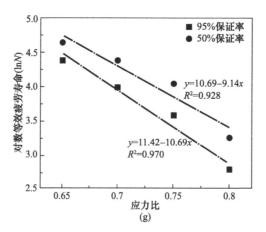

图 6.10 煤碎混合料疲劳寿命预估曲线（二）
(g) T4

$$\ln N = A + B\sigma/R_s \tag{6.14}$$

式中 N——等效疲劳寿命；

σ/R_s——应力比水平；

A、B——拟合参数。

由图 6.10 可知，各煤碎混合料的疲劳曲线拟合结果较好，说明单对数疲劳方程可表征煤碎混合料的疲劳特性。95%可靠度与50%可靠度的疲劳曲线间存在较大间隔，反映出不同可靠度下煤碎混合料的疲劳寿命存在较大差异，而50%可靠度的曲线位于上方，意味着煤碎混合料的疲劳寿命由95%可靠度降低为50%后，疲劳寿命显著增大。这一现象表明：对于煤碎混合料的疲劳寿命分析，应结合实际选择合适的可靠度，以确保疲劳结果满足应用工况。

为进一步对比各煤碎混合料的疲劳性能，将95%可靠度下各煤碎混合料的疲劳寿命预估曲线进行整合，如图 6.11 所示。

从图 6.11（a）（b）可以看出，掺入碎石后，煤碎混合料的疲劳寿命明显提高。究其原因，煤矸石的吸水率更大，且含有煤粉等杂质，降低了煤矸石周围水泥浆基体的有效水胶比，在集料周围的 C-S-H 凝胶及 AFt 晶体较少且胶结凝聚效应不明显，形成薄弱界面过渡区；相对而言，碎石周围聚集了更多水分，增大了碎石-水泥浆界面的水胶比，产生更多水化产物，凝胶及晶体等胶结物质富集凝聚，界面过渡区强度较高。当煤矸石占比较大时，煤碎混合料的薄弱界面过渡区越多，其抵抗疲劳循环荷载的能力也就越弱。

比例替换下，煤碎混合料疲劳寿命排序为 100%煤矸石＜60%煤矸石＜40%煤矸石＜100%碎石，各混合料间的疲劳寿命差距受应力比水平的影响显著：低应力比下，60%煤矸石、40%煤矸石和100%碎石的疲劳寿命差距不大，随着应力比的提升，三者间的差距逐渐增大。粒径替换下，疲劳寿命大小 100%煤矸石＜T4＜T1～T2＜T1～T3＜100%碎石，其中，T4与其他混合料的疲劳寿命差距随应力比水平的增大而增大，受应力比水平的影响更显著，原因可能是T4由煤矸石粗集料构成骨架，其骨架强度较弱，集料之间的嵌挤作用不强，加之水泥基浆体因煤粉等杂质的存在影响了与煤矸石的粘结效果，导致T4在高应力比下疲劳寿命降幅更大，但T4的疲劳寿命仍大于100%煤矸石，说明煤矸石细集料对疲劳性能有负面影响。T1~T2 与 T1~T3 的疲劳曲线差距不明显，显示出 4.75~9.5mm 集料对于疲劳寿命的影响较小，这与前述混合料弯拉强度的分析相一致。

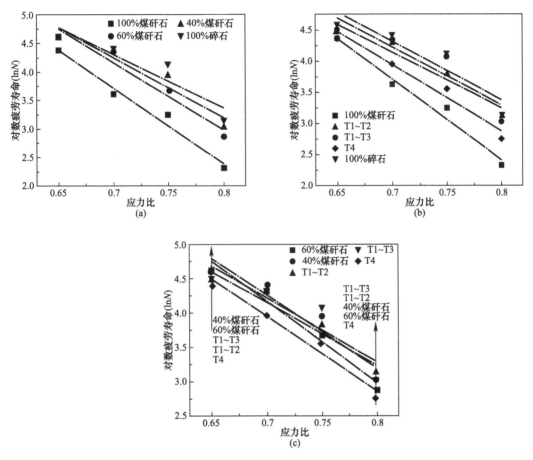

图 6.11　95％可靠度下煤碎混合料疲劳寿命曲线
(a) 比例替换；(b) 粒径替换；(c) 试验组对比

图 6.11 (c) 为五种煤碎混合料试验组的疲劳寿命预估曲线。分析可得，T4 的疲劳寿命最小，抗疲劳性能最差，其余混合料在不同应力水平下表现不一：低应力水平下，40％煤矸石、60％煤矸石的疲劳寿命较高，而 T1~T3、T1~T2 的疲劳寿命较低；高应力水平下，T1~T3、T1~T2 的疲劳寿命则高于 40％煤矸石、60％煤矸石。该结果反映不同掺配方式对煤碎混合料疲劳寿命的影响有差异，比例替换制备的煤碎混合料在低应力比下具备更优异的疲劳性能，而粒径替换制备的煤碎混合料则更适用于高应力比的场景。此外，随着应力比的提高，60％煤矸石的疲劳寿命曲线与 40％煤矸石、T1~T3、T1~T2 疲劳曲线间的差距逐渐增大，表明 60％煤矸石受应力水平影响显著，在工程上应避免用于荷载较大的路面结构中。

表 6.14 列出了 95％可靠度下各煤碎混合料的疲劳寿命预估方程，各方程的拟合效果较优异，可为后续材料的深入研究提供一定的理论依据。可以发现，对数疲劳寿命与应力比符合一次函数关系，其中，函数的斜率（B 值）反映了疲劳曲线的陡缓程度，表征材料对应力水平变化的力学敏感性。由表 6.14 可知，各煤碎混合料斜率大小排序是 T1~T2＜

T1~T3＜100％碎石＜40％煤矸石＜T4＜60％煤矸石＜100％煤矸石，T1~T2、T1~T3的斜率较100％煤矸石分别下降30.35％、28.29％，说明粒径替换可明显改善煤碎混合料的应力敏感性，有助于抗疲劳性能的提升。究其原因，一方面，粒径替换后煤碎混合料的主骨架完全由碎石承担，骨架强度较高，同时水泥水化产物可以与更多强集料粘结，增大了集料之间的粘结力；另一方面，煤碎混合料中含有更多的煤矸石集料，为火山灰反应的发生提供了充足的条件，进一步提升了煤碎混合料的整体粘结强度，使得粒径替换煤碎混合料表现出更优异的抗疲劳性能。

95％可靠度下疲劳寿命预估方程　　　　　表6.14

煤碎混合料类型	疲劳寿命预估方程	相关系数 R^2
100％煤矸石	$\ln N = 12.87 - 13.08\sigma/R_s$	0.978
60％煤矸石	$\ln N = 12.36 - 11.71\sigma/R_s$	0.961
40％煤矸石	$\ln N = 14.56 - 10.44\sigma/R_s$	0.911
100％碎石	$\ln N = 10.92 - 9.43\sigma/R_s$	0.859
T1~T2	$\ln N = 10.52 - 9.11\sigma/R_s$	0.947
T1~T3	$\ln N = 10.78 - 9.38\sigma/R_s$	0.835
T4	$\ln N = 11.42 - 10.69\sigma/R_s$	0.970

6.4　本章小结

本章对40％煤矸石、60％煤矸石、T1~T2、T1~T3、T4及100％煤矸石、100％碎石分别进行了28d冻融循环试验、28d干缩试验和90d四点弯曲疲劳试验，评估了不同掺配比例及粒径替换对煤碎混合料耐久性能的影响，主要得出以下结论：

（1）随着碎石替换比例的增大，煤碎混合料的质量损失率逐渐减小，冻融残留强度比逐渐增大，煤碎混合料的抗冻性能明显提升。分集料来看，4.75~9.5mm集料对于混合料抗冻性能影响较弱，而煤矸石细集料因其低强、吸水率大、杂质含量高等缺点会显著影响混合料抗冻性能。在各试验混合料中，40％煤矸石的冻融残留强度比最大，抗冻性能最优异。

（2）随着时间的延长，煤碎混合料的干燥失水率、干缩应变、干缩系数逐渐增大，其变化规律可划分为3个阶段：0~7d，快速增长，7~21d增长逐渐趋缓，21~28d逐渐稳定，应着重在前期做好洒水养护以避免产生较大干缩。

（3）煤碎混合料中煤矸石占比较多时，干燥失水率、干缩应变、干缩系数也大，这是由于煤矸石自身孔隙率大、吸水能力强、界面黏性弱，且低强度集料难以产生较大的约束作用。碎石替换煤矸石粗集料将减弱煤碎混合料的失水率和干缩应变，而替换细集料将增大失水率和干缩应变，表明煤矸石细集料对混合料的干缩性能起到了积极作用，可考虑在实际工程中掺配一定的煤矸石细集料。

（4）疲劳性能方面，煤碎混合料的疲劳寿命服从三参数Weibull分布规律，随应力比的提高、煤矸石掺量的升高而逐渐降低。煤矸石的较大占比降低了集料-水泥浆基体的有效水胶比，周围的C-S-H凝胶及AFt晶体较少且胶结凝聚效应不足，形成了薄弱界面过渡区，导致疲劳寿命的下降。基于 Weibull 分布函数计算煤碎混合料在 95% 和 50% 可靠度下的疲劳寿命，并拟合得出 Weibull 分布疲劳寿命单对数预估方程。

（5）95% 可靠度下，随着应力比的增大，60% 煤矸石、40% 煤矸石和 100% 碎石之间的疲劳寿命差距越来越大，60% 煤矸石更易受应力比水平的影响，T4 次之，T1～T2、T1～T3 受应力比的影响较微弱，抗疲劳性能最优异。比例替换的煤碎混合料在低应力比下的疲劳性能更优异，粒径替换可显著改善煤碎混合料的应力敏感性，更适宜于重载交通道路基层。

第 7 章

综合性能对比及微观机理研究

本章基于雷达图模型，综合考虑煤矸石混合料力学特性、耐久性能和经济效益，建立煤矸石-碎石混合料综合性能评估体系，优选综合性能最佳的掺配方式，最后探讨煤矸石混合料的胶结机理。

7.1 基于雷达图的综合性能评估

基于前述讨论可以发现，40%煤矸石、60%煤矸石、T1～T2、T1～T3、T4 在多维度评价指标下表现出不同的评价结果，如 T1～T3 的无侧限抗压强度、弯拉强度性能最优，却在抗冻融性能方面表现较弱，这意味着采用简单的直接对比难以优选出合适的掺配方式，必须分析各混合料在多准则条件下的综合性能。

目前，为解决类似的多准则决策问题，研究人员提出了模糊综合评价法、响应面分析法、雷达图法等多种方式，有效推动了材料多维度评价方法的发展。其中，雷达图法是一种常用的显示多个变量的图形方法，它可以将一个多维空间点映射到二维空间，通过数值比例的组合，提供多种指标下的直观可视化和定量评价，被广泛应用于材料多维度性能综合评估方面。因此，本节基于雷达图法将各煤碎混合料的力学特性、耐久特性、经济效益等关键因素统一考虑，多维度评估其综合性能，为优选出合适的掺配方式提供一定依据。

7.1.1 评估体系的构建

煤碎混合料的综合性能评估依赖于多种关键因素，主要包括力学特性指标（无侧限抗压强度、弯拉强度、动态抗压回弹模量）和耐久性指标（BDR、干缩、抗疲劳性能）。此外，煤矸石作为一种大宗固废材料，对其高值化利用将带来显著的经济效益，有必要将经济效益纳入评估体系。由此，确定煤碎混合料综合性能评价体系如图 7.1 所示。

图 7.1 煤碎混合料综合性能评价体系

为保证评估体系的一致性，除疲劳特性为 0.75 应力比下 90d 龄期结果外，其余指标均采用 28d 龄期结果。经济效益方面，参考 Wu 的研究，煤矸石和碎石的单价分别为 35 元/t、110 元/t，以 1t 石料为基准，按照确定的各档料的比例（1号料∶2号料∶3号料∶4号料 = 27∶25∶20∶28）进行成本分析。煤碎混合料各指标试验结果列于表 7.1 中。

煤碎混合料试验结果汇总 表 7.1

材料类型	抗压强度（MPa）	弯拉强度（MPa）	动态抗压回弹模量	BDR	干缩应变（10^{-6}）	疲劳寿命（次）	经济效益（元）
40%煤矸石	4.57	1.31	9092	83.40	470.1	8746	76.9
60%煤矸石	4.40	1.18	7657	79.55	557.5	4690	65
T1~T2	4.54	1.30	8053	75.77	361.2	6282	74
T1~T3	4.67	1.38	8813	77.73	322.6	11834	89
T4	3.84	1.18	7368	81.51	695.3	3579	56

7.1.2 雷达图模型

雷达图模型的构建通常分为 3 步：(1) 标准化处理；(2) 提取特征向量；(3) 对比排序。具体计算过程如下：

1. 标准化处理

首先将表 7.1 中各指标划分为正向指标和负向指标，正向指标包括无侧限抗压强度、弯拉强度、动态抗压回弹模量、BDR、疲劳寿命；负向指标包括干缩应变和经济效益。之后采用极变差法对表 7.1 中各结果进行标准化处理，对于正向指标，同一评价指标中的最大值记为 100，最小值记为 1；对于负向指标，同一评价指标中的最大值记为 1，最小值记为 100。最后，利用式 (7.1)、式 (7.2) 对正向、负向指标进行标准化处理。

$$\frac{100-1}{q_{ij}-1} = \frac{q_{ij}^M - q_{ij}^m}{q_{ij} - q_{ij}^m}$$

$$q_{ij} = \frac{(100-1)(q_{ij} - q_{ij}^m)}{q_{ij}^M - q_{ij}^m} + 1$$

(7.1)

$$\frac{100-1}{q_{ij}-1} = \frac{q_{ij}^M - q_{ij}^m}{q_{ij}^M - q_{ij}}$$

$$q_{ij} = \frac{(100-1)(q_{ij}^M - q_{ij})}{q_{ij}^M - q_{ij}^m} + 1$$

(7.2)

式中 q_{ij}^M——同一指标下的最大值；
q_{ij}^m——同一指标下的最小值。

2. 提取特征向量

根据标准化处理结果绘制相应的雷达图。计算雷达图的两个特征值：面积 S_i 和周长 L_i，计算公式如式 (7.3)、式 (7.4) 所示：

$$S_i = \sum_{j=1}^{m} \frac{1}{2} n_{ij} n_{i(j+1)} \sin\alpha \qquad (7.3)$$

$$L_i = \sum_{j=1}^{m} \sqrt{n_{ij}^2 + n_{i(j+1)}^2 - 2n_{ij}n_{i(j+1)}\cos\alpha} \tag{7.4}$$

式中 S_i——第 i 个混合料雷达图的面积；

L_i——第 i 个混合料雷达图的周长；

m——评价指标数量，本书为7；

n_{ij}——标准化处理后的第 j 项指标；

α——雷达图中相邻射线间的夹角。

为便于对比各混合料性能的优劣，将各指标进行归一化处理，如式（7.5）、式（7.6）所示，得到评价向量 $\tau_i = (\mu_i, \upsilon_i)\tau_i = (\mu_i, \upsilon_i)$。其中，$\mu_i$ 越大，评估对象相较于其他对象更优异；υ_i 越大，表明评估对象的各项指标越均衡。

$$\mu_i = \frac{S_i}{S_{i\max}} \tag{7.5}$$

$$\upsilon_i = \frac{4\pi S_i}{L_i^2} \tag{7.6}$$

3. 对比排序

对比排序主要基于几何平均数 f_i，它表征了评价对象的优异性和均衡发展程度。f_i 越大，则混合料的综合性能越优。计算公式如式（7.7）所示。

$$f_i = \sqrt{\mu_i \cdot \upsilon_i} \tag{7.7}$$

7.1.3 雷达图结果分析

基于式（7.1）和式（7.2）对表7.1中的各指标结果进行标准化处理，结果列于表7.2中，对应的雷达图如图7.2所示。

煤碎混合料试验结果标准化处理　　　　　表7.2

混合料类型	抗压强度	弯拉强度	动态抗压回弹模量	BDR	干缩应变	疲劳寿命	经济效益
40%煤矸石	88.10	65.35	100.00	100.00	60.82	62.97	37.30
60%煤矸石	67.80	1.00	17.60	50.05	37.60	14.32	73.00
T1～T2	84.50	60.40	40.34	1.00	89.75	33.42	46.00
T1～T3	100.00	100.00	83.98	26.43	100.00	100.00	1.00
T4	1.00	1.00	1.00	75.48	1.00	1.00	100.00

由图7.2并结合式（7.3）～式（7.7），求出各煤碎混合料雷达图对应的面积 S_i、周长 L_i 及 μ_i、υ_i、f_i，计算结果如表7.3所示。

从表7.3可知，各煤碎混合料 f_i 值排序为：40%煤矸石＞T1～T3＞T1～T2＞60%煤矸石＞T4，表明40%煤矸石的综合路用性能最优，其各项评价指标也在雷达图中较为均衡，T1～T3和T1～T2次之。雷达图适用于煤碎混合料的综合评估，具有直观、形象及量化的特点，而基于雷达图的结果，本书推荐掺入60%碎石对煤矸石混合料进行改性，兼顾路用性能和经济效益的平衡统一，实现煤矸石的高值化利用。

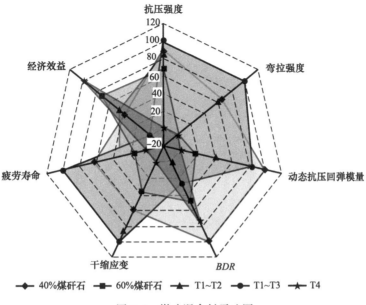

图 7.2 煤碎混合料雷达图

煤碎混合料雷达图评估结果　　　　　　　　　　　表 7.3

混合料类型	S_i	L_i	μ_i	υ_i	f_i
40%煤矸石	14792.20	487.00	1.00	0.78	0.89
60%煤矸石	3667.40	322.34	0.248	0.44	0.33
T1~T2	6309.59	419.28	0.427	0.45	0.44
T1~T3	13080.54	610.07	0.884	0.44	0.62
T4	138.37	350.97	0.01	0.01	0.01

7.2 破坏机理分析

7.2.1 破坏模式

试验发现，在无侧限抗压强度加载过程中，不同龄期下各煤碎混合料的破坏基本相同，即中心抗压破坏模式，因此，选取 28d 龄期下的试件进行分析，如图 7.3 所示。

由图 7.3（a）可知，随着荷载的增加，试件表面首先出现少量竖向裂缝，之后竖向裂缝扩展，并出现一定的斜向裂缝，如图 7.3（b）所示，说明试件在受压过程中既受到竖向压力，又受到剪力的作用；在两者逐渐增大的共同作用下，无侧向约束的试件的中部将膨胀，内部组成发生横向位移，部分集料出现脱离趋势，如图 7.3（c）所示；随着荷载进一步增大，大量裂缝贯通整个试件，膨胀外鼓加剧，集料松散脱离，煤碎混合料的粘结性及承压能力已不足，如图 7.3（d）、7.3（e）所示；最后，试件表层压碎脱落，试件完全破坏，是一种典型的塑性破坏。

图 7.4 为煤碎混合料试件在受弯状态下的破坏形态。与抗压破坏形态类似，不同龄期、不同掺配方式的试件抗弯破坏形态基本一致，但抗弯破坏时往往仅存在一条贯穿试件

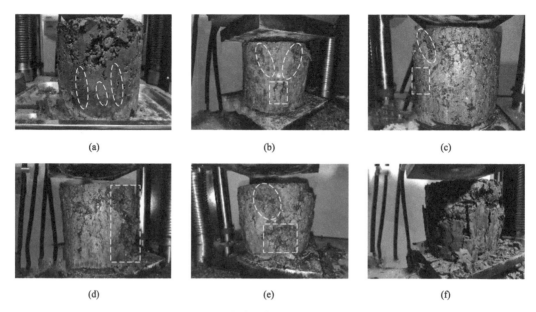

图7.3 煤碎混合料抗压破坏形态

(a) 少量竖向裂缝；(b) 竖向、斜向裂缝扩展；(c) 中部膨胀、出现脱离趋势；
(d) 大量裂缝贯通，集料松散脱落；(e) 膨胀加剧，集料脱集；(f) 试件完全破坏

的裂缝，如图7.4所示，且该裂缝出现的位置并不固定，取决于试件内部最薄弱处的界面过渡区的位置。具体来说，当试件受弯时，由于界面过渡区较为脆弱，裂缝首先在此发生，之后随着压力的增大，裂缝数目增多，向深处不断发展，加之脆弱处存在的应力集中现象，使得裂缝更易沿相对薄弱处发生偏转，最终达到极限抗弯强度时，多条裂缝汇聚形成一条贯穿试件的主裂缝，试件最终受弯完全破坏。

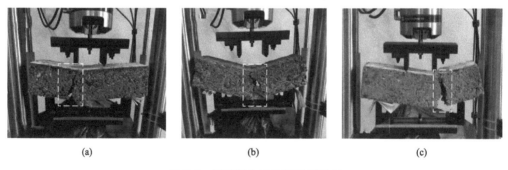

图7.4 煤碎混合料抗弯破坏形态

(a) 左侧断裂；(b) 中部断裂；(c) 右侧断裂

7.2.2 微观破坏分析

为进一步探究煤碎混合料在破坏过程中的情况，选取破坏后煤碎混合料中部分集料进行电子显微镜（SEM）扫描测试，集料来自不同类型的煤碎混合料，试验结果如图7.5、图7.6所示。

从图7.5可以看出，在煤矸石集料与砂浆结合处出现一条明显的裂缝，裂缝内含

有一定的水泥水化产物，砂浆及水化产物起到了对集料的粘结固定作用，而裂缝的出现表明集料与砂浆之间的粘结性大幅降低，造成界面过渡区的破坏。图 7.6 为单个煤矸石集料的 SEM 图，从图中可以发现，煤矸石集料自身存在一条裂缝，说明在受压过程中煤矸石集料发生破坏，但由于施加荷载较小，在试验过程中集料自身的破坏并不多。

图 7.5　煤矸石界面过渡区破坏

图 7.6　煤矸石集料破坏

结合图 7.5～图 7.7 可知，煤碎混合料受压破坏时，在微观结构上，会出现界面过渡区破坏和集料破坏两种形式，而界面过渡区破坏更为常见。分析其原因：当混合料受压形成初始裂缝后，由于煤粉等杂质以及细小微颗粒的存在，减弱了水泥水化产物与集料的粘结强度，裂缝将沿着强度薄弱面进一步扩展，致使煤矸石集料间的界面过渡区逐渐断裂，造成粘结破坏；另一方面，煤矸石中存在一定的低强度集料，不能有效阻滞裂缝的扩展延伸，部分裂缝直接贯穿煤矸石集料，使得煤碎混合料出现集料破坏。此外，这一结果也为后续的煤碎混合料性能改善提供了依据，即重点从提升煤碎混合料界面过渡区的强度着手，采用诸如增大胶结料的粘结力、去除煤粉等杂质、增大集料内摩阻力等方式，进而有效增强混合料的综合性能。

图 7.7 煤矸石集料破坏实状

7.3 胶结机理分析

微观试验可反映材料的表面形貌和结晶情况等相态特性，有效阐释煤碎混合料宏观性能演化的内在原因。本书采用 XRD 和 SEM 试验对 7d 龄期下的煤碎混合料进行测试，其中，XRD 的试验对象为 100%煤矸石、40%煤矸石和 100%碎石，以期分析煤矸石和碎石混掺后水化产物的变化情况；SEM 测试选取 60%煤矸石、40%煤矸石、100%煤矸石、T1~T2、T4、100%碎石六种混合料，分析不同煤碎混合料的表面形貌及水化产物的范围、大小，进而基于微观视角揭示不同掺配方式下煤碎混合料相态特性的差异，为探明煤碎混合料的胶结机理和强度形成特点提供一定依据。

7.3.1 试验方法

SEM 试验制样时，选取水泥浆体与煤矸石集料交界的部分，放入无水乙醇中 1d 以终止水化反应，之后取出制作成 1cm³ 左右的试件，对其喷金并烘干处理后，放入电镜上扫描进行测试。制备 XRD 试验样品时，选取有代表性的样品将其磨细，放入无水乙醇中 1d，使其停止水化，之后放入 60℃烘箱烘干，过 0.075mm 筛后，移至 XRD 试验仪器上开始测试。试验参数为：Cu—Kα 靶，电压 40kV，扫描 5°/min，2θ 角为 5°~90°。微观试验取样如图 7.8 所示。

7.3.2 XRD 试验结果

图 7.9 为 100%煤矸石、40%煤矸石和 100%碎石的 XRD 测试图谱，主要特征峰为石英、硅酸二钙（C_2S）、方解石和沸石类物质（铝硅酸盐晶体），特征峰越高，对应组分的含量越多。XRD 图谱部分揭示了混合料强度变化的内在原因：一方面，100%煤矸石、40%煤矸石、100%碎石中均含有未反应的 $CaSO_4 \cdot 2H_2O$ 特征峰，100%煤矸石、40%煤矸石的特征峰较高，说明较多 $CaSO_4 \cdot 2H_2O$ 未发生反应，而 $CaSO_4 \cdot 2H_2O$ 晶体本身强度较低，使得 100%煤矸石、40%煤矸石的强度较 100%碎石低；另一方面，C_2S、C_3S 作

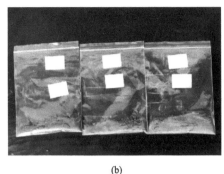

图 7.8 微观试验取样

(a) SEM 试验取样；(b) XRD 试验取样

为生成水化硅酸钙凝胶（C-S-H）的原材料，特征峰由小到大排序为：100%煤矸石、40%煤矸石、100%碎石，意味着100%碎石具备更充分的凝胶生成环境，40%煤矸石次之，100%煤矸石最弱，宏观表现为100%碎石和40%煤矸石的粘结力较大，力学强度也更高，这也印证了前述力学试验的结果。此外，在图谱中也发现沸石类结晶和钙矾石（AFt）特征峰，其中，沸石类结晶对抗压强度有积极作用，而100%碎石和40%煤矸石的AFt特征峰较高，两者的水化反应较充分。C-S-H凝胶、AFt和沸石类结晶对煤碎混合料强度提升起主要作用，其含量在100%碎石中最多，100%煤矸石最少，说明煤矸石集料抑制了凝胶物质的生成，进而影响混合料的宏观性能。

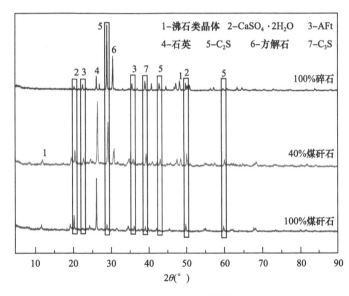

图 7.9 XRD 试验结果

7.3.3 SEM 试验结果

图 7.10 为各煤碎混合料 SEM 测试结果，由图可知，化学胶结作用是形成煤碎混合料强度的原因之一，即水化产物中胶凝材料与高结晶晶体不断相交凝聚，连成一个整体，增

加结构的密实度并提供足够的粘结力。在此过程中，构成胶结对象的主要包括 AFt、C-S-H、C_2S、火山灰反应生成的水化铝酸钙、未水化的水泥熟料颗粒、煤矸石粉末。在不同掺配方式制备的煤碎混合料中，胶结作用因集料种类、比例的不同，其反应程度和结构特征也各不相同。

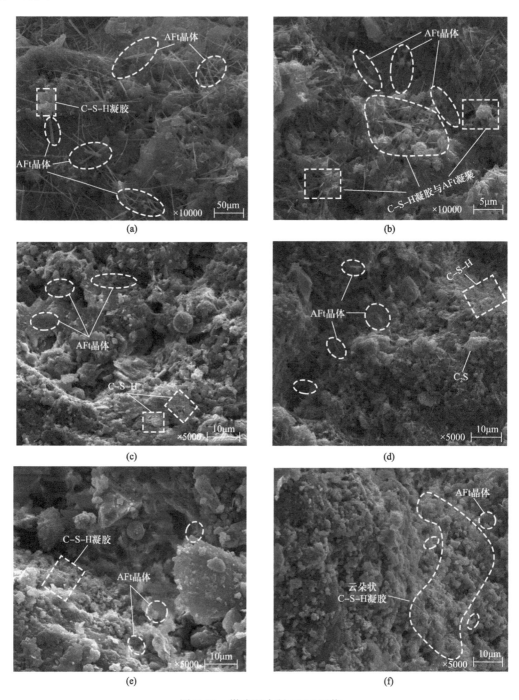

图 7.10 煤碎混合料 SEM 图像
（a）60%煤矸石；（b）40%煤矸石；（c）100%煤矸石；（d）T4；（e）T1～T2；（f）100%碎石

对比图 7.10（a）与图 7.10（b），60%煤矸石与 40%煤矸石均产生了一定的 AFt 晶体和 C-S-H 凝胶，说明水化反应较为充分，但 60%煤矸石的 AFt 晶体错落相连，C-S-H 凝胶也相对较少，而 40%煤矸石出现了大片 C-S-H 凝胶与 AFt 晶体相交凝聚现象，初步显示出了整体性，其粘结性也将更大。这解释了 40%煤矸石的强度大于 60%煤矸石的原因，即 40%煤矸石具有更强的骨架结构和更大的集料粘结力。

图 7.10（c）展示了 100%煤矸石的 SEM 图像，可以看出，100%煤矸石中仅产生了少量的 AFt 晶体和 C-S-H 凝胶，晶体长度较短且存在较多的孔洞，表明水化反应进展较缓慢，集料之间的粘结性不足，加上整体的密实度偏低，导致 100%煤矸石强度最低，干缩和抗疲劳性能也较差。这一现象也再次印证了煤矸石对于水泥水化反应的抑制作用。值得注意的是，100%煤矸石中发现了火山灰反应的存在，说明煤碎混合料在水化作用造成的碱性环境下会发生火山灰反应，而由于 40%煤矸石、60%煤矸石中煤矸石较少和龄期较短的原因，火山灰反应未被观测到。但鉴于此反应的发展较缓慢，且随着龄期的增长，水化反应进一步发展，煤矸石占比较大的煤碎混合料将发生更多火山灰反应，煤碎混合料后期的强度有较大提升，这也是煤碎混合料后期强度增长比例 100%煤矸石＞60%煤矸石＞40%煤矸石的原因。

观察图 7.10（c）与图 7.10（d）可知，T4 中 AFt 晶体较 100%煤矸石明显增多，部分 AFt 晶体连接孔洞两侧，且有更多 C-S-H 凝胶构成凝胶网络，进一步增强材料致密性，使得 T4 的抗压强度较 100%煤矸石更高。其原因是 T4 的细集料为碎石，对水化作用的负面影响不大，水化反应充分发展，增大了集料之间的粘结性，但由于自身集料强度的不足，其整体抗压强度仍较弱，且后期用于火山灰反应的煤矸石原料较少，后期强度增长速率较慢。

T1~T2 的 SEM 图像，如图 7.10（e）中同样存在部分 AFt 晶体和 C-S-H 凝胶，与 100%煤矸石类似，晶体长度较短，胶结材料不多，但由于煤矸石比例较大，观测到火山灰反应的出现。从图 7.10（f）可以看出，100%碎石的 C-S-H 凝胶在 AFt 周围快速发展，填充针状棱柱形 AFt 搭接形成的空隙，并大面积凝聚，形成云朵状凝胶团，这与前述 XRD 试验结果相一致，大幅提升结构的密实度和集料之间的黏聚力，宏观上表现为更优异的强度、疲劳特性及干缩性能。

综合试验及微观测试结果，煤碎混合料的强度形成机制主要包括三个方面：一是碎石、煤矸石、水泥充分拌合压实后，粗集料之间的相互嵌挤，细集料填充于空隙中，以摩阻力为主提供抗压强度；二是水泥水化反应产生的众多凝胶物质，从散落无序逐步连接成片，形成一个胶结整体，进一步填充空隙进而增大混合料的粘结力及密实度；三是煤矸石的火山灰效应进一步提供凝胶物质，在长期层面对煤碎混合料的强度起到增益作用。掺配方式的不同造成煤碎混合料路用性能的不同表现，其本质是改变了三种强度形成机制的相互作用，煤矸石的存在既使得煤碎混合料的强度增长潜力变大、长期性能得以提升，又抑制了水化产物的快速发展，同时降低了集料的强度。因此，对煤矸石必须合理科学利用，平衡其对强度的弱化和对长期性能的增益，本研究通过系列宏观微观试验及综合性能评估，推荐 40%煤矸石作为高等级公路底基层的铺筑材料。

7.4 本章小结

本章首先在考虑煤碎混合料力学特性、耐久性能和经济效益的基础之上，采用雷达图模型评估了60%煤矸石、40%煤矸石、T1~T2、T1~T3、T4五种试验组的综合性能，优选出了合适的掺配方式；然后从宏观和微观两个角度观察煤碎混合料的破坏形态，研究碎石和煤矸石在破坏状态时的差异表现；最后结合XRD和SEM测试分析煤碎混合料的胶结机理，对煤碎混合料的胶结机理进行探讨。主要结论如下：

（1）雷达图模型可较好地评估煤碎混合料的综合性能，煤碎混合料的f_i值的排序为：40%煤矸石＞T1~T3＞T1~T2＞60%煤矸石＞T4，说明40%煤矸石的综合性能最优，推荐作为制备煤碎混合料的最佳掺配方式。

（2）煤碎混合料试件的抗压破坏是典型的塑性破坏，抗弯破坏仅在试件内部最薄弱的界面过渡区处出现一条裂缝。SEM微观图像显示，煤碎混合料受压破坏时会以界面过渡区破坏为主，也会发生少量的集料破坏，对后续的煤碎混合料性能改善来说，应重点关注煤碎混合料界面过渡区强度的提升。

（3）XRD结果显示，煤碎混合料中出现了沸石类结晶、C_2S、C_3S和AFt特征峰，它们在煤碎混合料的强度形成中起到主要作用。与100%碎石对比，100%煤矸石、40%煤矸石的$CaSO_4·2H_2O$特征峰更高，而C_2S、C_3S的特征峰较低，表明100%煤矸石和40%煤矸石中含有较多未反应的$CaSO_4·2H_2O$，而C-S-H凝胶物质较少，造成100%煤矸石和40%煤矸石的粘结力较低，强度也相对更低。

（4）煤碎混合料的SEM图像中发现了AFt、C-S-H、C_2S物质的生成，与XRD的试验结果一致。在60%煤矸石的图像中，出现了较多的AFt晶体和C-S-H凝胶，而40%煤矸石则出现了大片C-S-H凝胶与AFt晶体的凝聚，反映出40%煤矸石的集料粘结力更大。T4相较于100%煤矸石，AFt晶体明显增多，且形成了凝胶网络，综合XRD结果，印证了煤矸石集料对水化反应的抑制作用。100%碎石的C-S-H凝胶在AFt周围快速发展，形成大面积云朵状凝胶团，这是其表现出较好路用性能的原因所在。此外，在100%煤矸石与T1~T2中也观测到了火山灰反应的发生，由于龄期较短，这种反应尚不明显，但由于煤矸石细集料较多，火山灰反应被首先观测到。

第8章

水泥稳定掘进煤矸石基层工程实践

为进一步探索水泥稳定掘进煤矸石基层材料的工程应用效果，在河南省省道225安平线西爻头至柴家坡段改建工程铺筑试验路段，并与室内试验结果进行对比分析，以期为其他地区煤矸石在公路基层中的应用提供参考。本章主要对掘进煤矸石级配进行优化，为更好模拟现场施工条件，采用振动击实法测定水泥稳定掘进煤矸石材料的最大干密度及最佳含水率，并采用振动成型法成型试件，对比分析了室内及现场试验的力学性能、抗冻性能。

8.1 工程应用研究

8.1.1 工程概况

依托于河南省省道225安平线西爻头至柴家坡段改建工程，试验段起始桩号为K53+173～K58+393，路线全长5.22 km，路基宽度27m，双向4车道设计，公路等级设计为二级公路，设计速度为80km/h。由于初次尝试鹤壁地区掘进煤矸石基层材料的铺筑，在改建工程中铺筑水泥稳定掘进煤矸石基层试验路段，路段长度为300m，设计厚度为180mm、宽8m。由于试验场地和条件限制，本次试验段只采用水泥掺量为5.5%的水泥稳定掘进煤矸石材料进行现场试验。

工程所用水泥与室内试验所用水泥为相同厂家、型号，均为三门峡某水泥有限公司生产的P·O42.5普通硅酸盐水泥，各项技术指标均符合《通用硅酸盐水泥》GB175—2007要求；工程所用煤矸石与室内试验所用的煤矸石相同，均由河南省鹤壁市某建材有限公司提供，共分为4档集料，分别为0～4.75mm、4.75～9.5mm、9.5～19mm、19～31.5mm，各项测试指标均符合相应集料《公路路面基层施工技术细则》JTG/T F20—2015要求；工程所用水采用当地地下水，水质良好，满足《公路路面基层施工技术细则》JTG/T F20—2015要求。

8.1.2 施工工艺

水泥稳定掘进煤矸石材料采用集中厂拌合，拌合机按照设定的配合比进行拌合。拌合开始前，应注意原材料含水率的变化，雨天、高温天气均会对原材料的含水率造成影响，因此，需要每天对原材料进行含水率的测定，保持施工时的含水率接近最佳含水率。运用电子计量方式，严格控制配合比的比例。拌合结束后，立即用自卸车运到现场施工中，并采用篷布严密覆盖。

现场采用摊铺机进行水泥稳定掘进煤矸石材料的摊铺,如图 8.1(a)所示,保持速度均匀连续,约为 1.5~2.0m/min。在施工过程中,保持摊铺机的振动器、夯锤处于开启状态,且振动器、夯锤频率应分别不小于 30 Hz 和 20 Hz。螺旋分料器的转动速度应与摊铺的速度相契合,且位置不应过高,保证全部埋进水泥稳定掘进煤矸石材料中。

水泥稳定掘进煤矸石材料摊铺结束后,碾压机器按照先后顺序依次施工。初压和终压均采用胶轮及双钢压路机组合,碾压速度为 1.6km/h,碾压遍数 3 遍,中间采用振动压路机进行复压,碾压速度为 2km/h,碾压遍数为 7 遍,直至基层表面无明显轮迹和微裂纹结束,碾压施工图如图 8.1(b)所示。

(a) (b)

图 8.1 现场公路基层煤矸石施工工艺
(a)摊铺;(b)碾压

接缝处理主要针对摊铺时,因天气、温度等自然因素的影响造成中断施工的情况。在施工中因特殊原因造成间断超过 2h 时,应在路中心线垂直方向设横缝。

水泥稳定掘进煤矸石基层的养护应在检测合格后进行,采用土工布将基层表面覆盖养护不小于 7d。基层在进行养护期间,封闭道路,防止车辆对基层造成破坏。养护结束后,保持过往车辆横向均匀通过。

8.1.3 现场取芯

现场试验段养护至第 6 天,根据规范《公路路基路面现场测试规程》JTG 3450—2019,对现场试验段 K54+30~K54+280 进行现场取芯,取芯数量为 13 个,如图 8.2、图 8.3 所示。

用钻机垂直对准标记好的钻孔区域,放下钻头,保证钻机在取样过程中牢固,不发生偏移。应缓慢向下压钻杆,使取出的芯样完整,不受破坏。将取出的水泥稳定掘进煤矸石基层芯样用清水洗涤后,装入干净塑料袋中。

将取好的水泥稳定掘进煤矸石基层芯样,用切割机切成高度为 150mm 的试件,芯样切割前后如图 8.4 所示。将切割后的试件放入养护室养护,现场取芯是在第 6 天进行,将一组(3 块)试件在水中浸泡 1d,在第 7d 将试件进行无侧限抗压强度试验;将二组(6 块)试件养护至 27d,浸水 1d 后,进行抗冻性能试验;将一组(3 块)试件养护至 89d,

浸水1d后,进行90d劈裂抗拉强度试验。

图 8.2 现场试验段取芯
(a) 钻孔取样;(b) 芯样数据记录

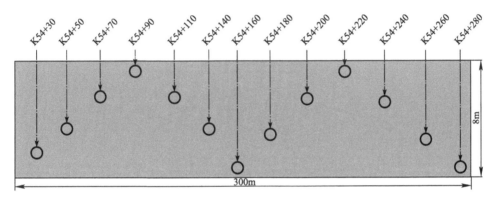

图 8.3 现场试件抽样示意图

图 8.4 现场取芯试件
(a) 试件切割前;(b) 试件切割后

8.2 基于振动法的级配设计

8.2.1 级配优化

根据《公路路面基层施工技术细则》JTG/T F20－2015 中附录 A 对煤矸石集料级配进行优化，经过计算得出理论级配（粒径 0～4.75mm：4.75～9.5mm：9.5～19mm：19～31.5mm＝40：16：22.3：21.7），但不符合《公路工程无机结合料稳定材料试验规程》JTG E51—2009 高度误差范围（注：根据《公路工程无机结合料稳定材料试验规程》JTG E51—2009 中规定大试件的高度误差范围应为－0.1～0.2cm），且应使试件的密度达到最大值。

由于拌合料中细集料偏多，采用减少细集料且增加粗集料的方式，进行多次级配设计流程，见图 8.5，增加（减少）所占配合比的比例分别为：2%、4%、6%、8%、10%、12%、14%、16%、18%、20%。最终得到实际最佳级配（粒径 0～4.75mm：4.75～9.5mm：9.5～19mm：19～31.5mm＝30：10：28：32）。

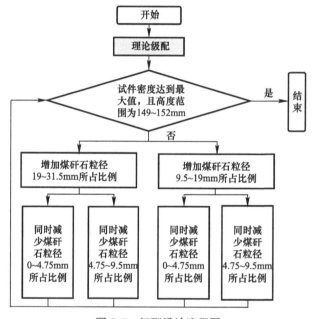

图 8.5 级配设计流程图

煤矸石的颗粒级配如表 8.1、图 8.6 所示（注：表 8.1 中级配上下限为《公路路面基层施工技术细则》JTG/T F20—2015 中推荐级配 C-C-2 级）。因此，本书所设计的掘进煤矸石的颗粒级配在推荐级配 C-C-2 级范围内，满足二级公路基层、底基层的级配要求。

煤矸石的颗粒级配　　　　表 8.1

筛孔尺寸（mm）	31.5	26.5	19	16	13.2	9.5	4.75	2.36	1.18	0.6	0.3	0.15	0.075
通过率（%）	100	90.2	78.3	74.2	65.6	52.2	30.2	19.9	13.2	8.1	5	3.3	2.6
级配上限（%）	100	100	87	82	75	66	50	36	26	19	14	10	7
级配下限（%）	100	90	73	65	58	47	30	19	12	8	5	3	2

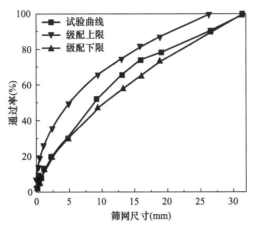

图 8.6 煤矸石级配曲线

8.2.2 振动击实及振动成型试验方法

为更好地模拟现场的振动碾压工艺,采用振动击实法测定最大干密度与最佳含水率,根据《公路工程无机结合料稳定材料试验规程》JTG E51—2009 中规定的振动压实法,对不同水泥掺量的水泥稳定掘进煤矸石材料进行最大干密度、最佳含水率测试。振动压实机为北工某公路仪器厂生产(ZY-2 型),振动压实成型机的示意图及实物图分别如图 8.7 (a) 及图 8.7 (b) 所示。面压力为 0.1MPa,上车配重块为 3 块(每块重 4500g),下车配重为 6 块(每块重 5500g),激振力为 6800N,振动频率为 30Hz,压实时间为 100s。

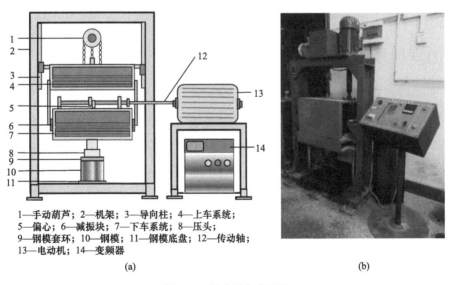

1—手动葫芦;2—机架;3—导向柱;4—上车系统;
5—偏心;6—减振块;7—下车系统;8—压头;
9—钢模套环;10—钢模;11—钢模底盘;12—传动轴;
13—电动机;14—变频器

图 8.7 振动压实成型机
(a)示意图;(b)实物图

振动压实成型试件由于没有相关规范,参照《公路水泥稳定碎石抗裂设计与施工技术规范》DB41/T 864—2013 中的要求制备直径 150mm 的圆柱体试件,振动压实成型机参数要求见表 8.2,通过 4~6 组试验建立试件高度与振动压实时间的关系,确定试件达到

150mm 所需时间,以此作为振动压实成型试件的时间。

表 8.2 振动压实成型机参数要求

项目	工作频率	振幅	上车系统重量	下车系统重量
参数要求	30^{+1}_{-1} Hz	$1.3^{+0.05}_{-0.05}$ mm	$1.2^{+0.01}_{-0.01}$ kN	$1.8^{+0.01}_{-0.01}$ kN

8.2.3 振动击实试验结果及分析

进行了振动压实试验,获取了水泥掺量4%、5%、5.5%、6%的最大干密度、最佳含水率关系曲线如图8.8所示。结果表明,随着水泥掺量增加,不同水泥掺量的最大干密度与最佳含水率均呈现出增大趋势。

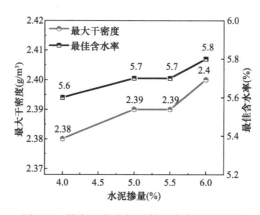

图 8.8 最大干密度与最佳含水率关系曲线

8.3 力学性能

8.3.1 无侧限抗压强度

水泥掺量为4%~6%的室内试件及水泥掺量为5.5%的现场试件的7d无侧限抗压强度试验过程及结果如图8.9、图8.10所示,并对相同水泥掺量的室内及现场试验结果进行回归分析,关系拟合曲线如图8.11所示。

由图8.10可知,随着水泥掺量的增加,室内试件的无侧限抗压强度随之增大。与水泥掺量4%的室内试件相比,水泥掺量为5%、5.5%、6%的无侧限抗压强度分别提高了22.6%、29.0%、48.4%。这是因为随着水泥掺量的增加,煤矸石中大量的SiO_2和Al_2O_3与水化产物$Ca(OH)_2$发生火山灰反应,产生的水化硅酸钙凝胶填补集料自身及集料之间缝隙,使得水泥稳定煤矸石结合料更加密实、粘结力越好。其中水泥掺量为5.5%的室内试件的无侧限抗压强度比相同水泥掺量下的现场试件提高了4%,这是因为室内试验可严格控制无关变量,例如:煤矸石粗细集料的含水率、水泥稳定掘进煤矸石成型后的养护条件、温湿度等。而现场试验则相对粗糙,受施工工艺和环境影响较大,例如:煤矸石基层材料拌合后离试验场地距离的长短、压路机先后碾压间隔时间、水泥稳定掘进煤矸石基层的养护温度、湿度等。因此,室内试件的无侧限抗压强度略高于现场试件。

(a) (b)

图 8.9 无侧限抗压强度

(a) 室内试件；(b) 现场试件

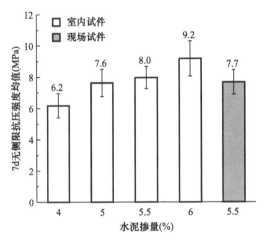

图 8.10 不同水泥掺量对 7d 无侧限抗压强度的影响

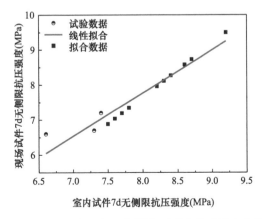

图 8.11 室内与现场无侧限抗压强度关系拟合曲线

对室内试件与现场试件 7d 无侧限抗压强度试验结果进行回归分析，拟合曲线如图 8.11 所示。可得到其模型为：$y=1.2303x-2.0748$，$R^2=0.9306$。将水泥稳定煤矸石进行现场试验受到场地、人力、物力等方面的制约，实施起来困难较大。因此，本书通过室内试验与现场试验相结合，通过室内试验预测现场试验结果，对于实际工程应用具有较大意义。

8.3.2 劈裂抗拉强度

不同水泥掺量的室内试件及水泥掺量为 5.5% 的现场试件的劈裂抗拉强度试验过程及结果如图 8.12、图 8.13 所示。

图 8.12　劈裂抗拉强度试验过程

（a）室内试件；（b）现场试件

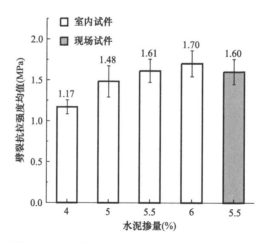

图 8.13　不同水泥掺量对劈裂抗拉强度试验结果

由图 8.13 可知，随着水泥掺量的增加，室内试件的劈裂抗拉强度逐渐增大。与水泥掺量 4％的室内试件相比，水泥掺量为 5％、5.5％、6％的劈裂抗拉强度分别提高了 0.13 MPa、0.44 MPa、0.53 MPa。水泥掺量为 5.5％的室内试件比现场试件劈裂抗拉强度提高了 6.3％。劈裂抗拉后，发现并非从煤矸石集料处断裂，而是从水泥粘结处断裂。由此，可得出水泥稳定煤矸石劈裂抗拉强度主要取决于水泥掺量。

8.4 抗冻性能

8.4.1 抗冻试验结果及分析

水泥稳定掘进煤矸石材料经冻融循环后，室内及现场试件的外观会有明显的损伤现象，如图 8.14 所示。不同水泥掺量的室内试件及水泥掺量为 5.5％的现场试件的冻融试验结果如图 8.15 和表 8.3 所示。冻融前后无侧限抗压强度与相对动弹性模量的回归分析结果如图 8.17 所示。

图 8.14 试件冻融循环前后外观图
(a) 室内冻融前；(b) 室内冻融后；(c) 现场冻融前；(d) 现场冻融后

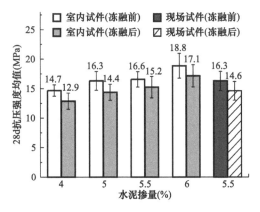

图 8.15 不同水泥掺量下室内和现场冻融前后无侧限抗压强度变化

由图 8.15 可知，经过 5 次冻融循环后，不同水泥掺量的室内试件和水泥掺量 5.5％的现场试件抗压强度均降低，水泥掺量为 4％、5％、5.5％、6％的室内试件强度分别降低了 12.2％、11.7％、8.4％、9.0％，现场试件的抗压强度降低了 10.4％。这是因为冻胀引起的膨胀压力，导致掘进煤矸石细集料剥落，粗集料裸露在试件表面。经过 5 次冻融循环后，对比水泥掺量为5.5%现场试件与室内试件可以发现，室内试件抗压强度比现场试件抗压强度高出4.1%。可能是因为现场试件中含水率高，引发冻胀力大所导致。

冻融循环后的抗冻性指标和质量损失率　　　　　　　　　　表8.3

种类	室内试验				现场试验
水泥掺量（%）	4	5	5.5	6	5.5
BDR（%）	87.76	88.34	91.57	90.96	89.57
质量损失率（%）	0.46	0.59	0.36	0.52	0.42

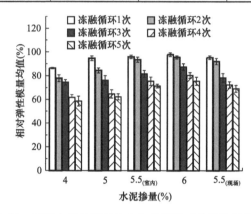

图8.16　不同水泥掺量下室内和现场相对动弹性模量变化

由表8.3可知，室内试件与现场试件各个水泥掺量的质量损失率均在1%范围内，均未超过5%。相同水泥掺量下，室内试件的质量损失率小于现场试件。水泥掺量为5.5%的室内试件抗冻性指标（BDR）最大，说明水泥掺量5.5%时，试件抗冻性最好，与水泥掺量为5.5%的现场试件相比，BDR增加了2.2%。由图8.16可知，随着冻融循环次数的增加，相对动弹性模量呈现出下降的趋势。水泥掺量为4%、5%、5.5%、6%的室内试件和水泥掺量为5.5%的现场试件在经过5次冻融循环后，相对动弹性模量分别下降了32.2%、34.2%、25.5%、22.8%和27.5%，得出室内试件相对动弹性模量损失率略大于现场试件。

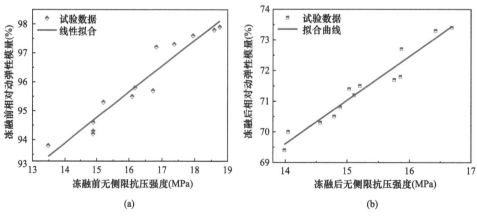

图8.17　无侧限抗压强度与相对动弹性模量关系拟合曲线
（a）冻融前；（b）冻融后

由图 8.17 可知,水泥掺量为 5.5% 的室内试件可得到冻融前水泥稳定煤矸石的回归关系式为:$y=0.8887x+81.4399$,$R^2=0.9240$,冻融后水泥稳定煤矸石材料的回归关系式为:$y=1.4242x+49.6689$,$R^2=0.9467$。其相关指数 R^2 均大于 0.9,说明冻融前后抗压强度和相对动弹性模量呈现出较好的线性关系。

8.4.2 微观结构

由图 8.18 及图 8.19 可知,冻融前室内试件和现场试件内部均无明显裂纹,水泥水化、结晶良好,如图 8.18(a)及图 8.18(b)所示;冻融后,室内试件无明显裂纹,而现场试件存在局部裂纹,如图 8.19(a)及图 8.19(b)所示,这与力学试验现场试件低于室内试件的结论一致。现场试验受生产工艺的影响较大,例如:混合料的拌合、碾压等,在现场施工中,很难把控每道生产工艺的精准性,因此现场试件出现少量裂缝。

图 8.18 冻融前水泥掺量为 5.5% 的电镜扫描图像
(a) 室内试件;(b) 现场试件

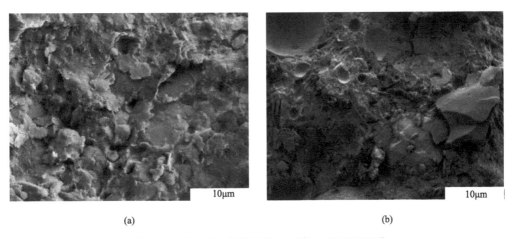

图 8.19 冻融后水泥掺量为 5.5% 的电镜扫描图像
(a) 室内试件;(b) 现场试件

8.5 经济效益分析

通过试验结果可知水泥稳定掘进煤矸石材料具有良好的路用性能，煤矸石的物理化学特性、水泥稳定煤矸石的力学性能、耐久性能及实际施工均能满足相关指标要求，利用煤矸石制备混合料作为公路基层材料，既能大量消耗储存的煤矸石，又能解决砂石紧缺的问题，从而降低造价成本，产生巨大的社会经济效益。

1. 原材料价格

经济效益分析结果如表 8.4 所示。

经济效益分析结果　　表 8.4

材料种类	碎石价格（元/m³）	煤矸石价格（元/m³）	试验段消耗材（m³）	集料总价（元）
煤矸石	—	50	432	21600
碎石	85	—		36720

河南省省道 225 安平线西爻头至柴家坡段改建工程，水泥稳定掘进煤矸石基层设计厚度为 180mm，试验段长 300m，宽 8m。则此试验路段需要的水泥稳定煤矸石材料为 8m×0.18m×300m=432m³。

由表 8.4 可知，铺筑本试验段可节约材料成本为 36720 元－21600 元＝15120 元。相较于用碎石铺筑道路基层，可减少 41.1% 的费用。而这仅是本试验路段的铺筑，如果将掘进煤矸石替代天然碎石大批量应用于道路基层中，将产生巨大的经济效益。

2. 煤矸石污染整治费用

按照环境保护部门要求，煤矿企业需采用注水、围墙和灭火等方式控制污染，煤矸石的整治费用为 0.5 元/（m³·年）。

3. 农业经济效益

煤矸石山（煤矸石堆成的山）会对半径 1000m 内的农作物产生不利影响，每亩煤矸石山会对 4847.23 亩农田产生影响，按照农田收益损失 10% 计算，每减少 1 亩煤矸石山，可降低农作物经济损失约为 48.47 万元/年。将煤矸石替代碎石应用于公路基层中将会产生巨大的经济效益。

另一方面，将固体废弃物-煤矸石进行利用，可减少煤矸石的大量堆放，解决占压土地、污染土壤和空气的问题，还将减少滑坡等地质灾难的发生。随着我国人口持续增长，土地需求量增大，土地的相对价值将会大幅增加，长远来看，经济效益不可估量。

8.6 本章小结

本章通过开展室内试验水泥掺量为 4%、5%、5.5%、6% 的水泥稳定掘进煤矸石（全煤矸石），现场试验采用水泥掺量为 5.5% 的水泥稳定掘进煤矸石材料，试验段长度为 300m，宽为 8m，设计厚度为 180mm。进行无侧限抗压强度、劈裂抗拉强度、抗冻性能、微观结构的试验，探究水泥稳定煤矸石材料在不同水泥掺量下的变化规律，并将现场试件与室内试件相结合进行对比分析。主要结论如下：

（1）水泥掺量为 5.5%室内试件的力学性能均优于相同水泥掺量的现场试件，室内试件的无侧限抗压强度比现场试件提高了 4%，劈裂抗拉强度提高了 6.3%。采用线性拟合方法，建立了室内与现场试验 7d 无侧限抗压强度模型为：$y=1.2303x-2.0748$，$R^2=0.9306$。

（2）经过 5 次冻融循环后，比较不同水泥掺量的水泥稳定掘进煤矸石材料，得出水泥掺量为 5.5%的室内试件抗冻性最好。对比相同水泥掺量的室内和现场试验，得出室内试验的质量损失率小于现场试验，相对动弹性模量、BDR 大于现场试验。

（3）微观结构表明，冻融前室内试件和现场试件内部均无明显裂纹，水泥水化、结晶良好；冻融后，室内试件无明显裂纹，而现场试件受施工生产工艺的影响较大，存在少量局部裂纹。这与力学试验现场试件低于室内试件的结论一致。

附录：《公路水泥稳定掘进煤矸石基层施工技术规范》
DB41/T 2390—2023

1 范围
本文件规定了公路水泥稳定掘进煤矸石基层的材料要求、混合料设计、施工以及质量检查与验收。

本文件适用于公路新建和改（扩）建工程的基层、底基层施工。

2 规范性引用文件
下列文件中的内容通过文中的规范性引用而构成本文件必不可少的条款。其中，注日期的引用文件，仅该日期对应的版本适用于本文件；不注日期的引用文件，其最新版本（包括所有的修改单）适用于本文件。

GB 175　通用硅酸盐水泥

GB 5749　生活饮用水卫生标准

GB/T 14684　建设用砂

GB/T 14685　建设用卵石、碎石

GB/T 29162　煤矸石分类

GB/T 29163　煤矸石利用技术导则

GB/T 35986　煤矸石烧失量的测定

JTG D50　公路沥青路面设计规范

JTG E42　公路工程集料试验规程

JTG E51　公路工程无机结合料稳定材料试验规程

JTG/T F20　公路路面基层施工技术细则

JTG F80/1　公路工程质量检验评定标准 第一册 土建工程

JTG 3430　公路土工试验规程

JTG 3450　公路路基路面现场测试规程

3 术语和定义
下列术语和定义适用于本文件。

3.1 掘进煤矸石
一种在采煤过程中与煤层伴生的一种含碳量低、比煤坚硬的黑灰色岩石，包括巷道掘进过程中的掘进矸石、采掘过程中从顶板、底板及夹层里采出的矸石以及岩石。

3.2 掘进煤矸石集料
由粒径大于 30mm 的掘进煤矸石经一定工艺破碎后形成的具有一定级配的煤矸石颗粒组成。

3.3 水泥稳定掘进煤矸石混合料
以水泥为结合料，通过加水与掘进煤矸石集料共同拌合形成的混合料。

3.4 掘进煤矸石塑性指数
掘进煤矸石中细粒土（<0.5mm）的液限和塑限的差值。

3.5 煤矸石烧失量

煤矸石在105～110℃下烘干后，在800℃±10℃下灼烧至质量不变后失去的质量百分比。

4 材料要求

4.1 一般要求

4.1.1 在实地调研的基础上，本着就地取材原则，选择原材料。工地试验室应对计划使用的原材料进行质量检测。

4.1.2 材料运至现场后，应抽样检测，检测合格后方可使用。

4.1.3 相同料源、规格、品种的原材料作为一批，应分批检测和储存。

4.1.4 检测合格材料和未检测材料应分开存放。

4.1.5 集料堆放场地应作硬化处理，且应有良好的排水设施。

4.1.6 掘进煤矸石用于修筑基层或底基层之前应崩解稳定。

4.2 水泥

4.2.1 所用水泥强度等级宜为42.5MPa及以上，初凝时间应大于3h，终凝时间应大于6h且小于10h。宜采用普通硅酸盐水泥、矿渣硅酸盐水泥和火山灰质硅酸盐水泥，禁止使用快硬水泥、早强水泥。

4.2.2 采用散装水泥时，水泥出炉后应停放7d以上，且安定性检测合格后才能使用。运至工地的散装水泥入罐温度应低于50℃。冬期施工，水泥入拌缸温度应高于10℃。

4.2.3 应确保施工期间的水泥供应。供应不足时或运距较远时，应储备使用包装水泥，并准备水泥仓库、拆包及输送入罐设备。水泥仓库应覆盖或设置顶棚防雨，并应设置在地势较高处，严禁水泥受潮。

4.2.4 不同厂家、不同品种、不同批次水泥，应清仓再灌，并分罐存放。

4.3 水

4.3.1 符合《生活饮用水卫生标准》GB 5749规定的饮用水可直接作为拌合与养护用水。

4.3.2 采用非饮用水时，应满足《公路路面基层施工技术细则》JTG/T F20的要求。

4.4 掘进煤矸石

4.4.1 掘进煤矸石集料生产时应筛除30mm以下的原石细料。

4.4.2 掘进煤矸石集料技术指标应符合附表1的规定。

掘进煤矸石集料技术要求 附表1

技术指标	结构层	技术要求	试验方法
压碎值（%）	基层	≤35	JTG E42（T0316）
	底基层	≤40	
塑性指数	基层、底基层	≤9	JTG 3430（T0118）
有机质含量（%）	基层、底基层	<2	JTG E42（T0313）、JTG 3430（T0151）
硫酸盐含量（%）	基层、底基层	≤0.25	JTG E42（T0341）
烧失量（%）	基层、底基层	<10	GB/T 35986

4.4.3 基层、底基层用掘进煤矸石集料规格应符合《公路路面基层施工技术细则》JTG/T F20的规定。

4.4.4 用于公路基层的掘进煤矸石集料公称最大粒径不宜大于26.5mm；用于公路底基层的掘进煤矸石集料公称最大粒径不宜大于31.5mm。

4.4.5 宜通过不同龄期条件下的强度和模量试验以及温度收缩和干湿收缩试验等评价水泥掘进煤矸石混合料性能，满足设计要求时方可使用。

5 混合料设计

5.1 一般规定

5.1.1 水泥稳定掘进煤矸石的组成设计应按设计要求，选择技术经济合理的混合料类型和配合比。

5.1.2 应根据公路等级、交通荷载等级、结构形式和材料类型等因素确定材料技术要求。

5.1.3 掘进煤矸石混合料级配按照《公路路面基层施工技术细则》JTG/T F20中水泥稳定碎石的相关规定。

5.1.4 用于基层的水泥稳定掘进煤矸石混合料，强度满足要求时，尚宜检验其抗冲刷和抗裂性能。

5.1.5 在施工过程中，材料料源、规格发生变化时，应重新进行材料组成设计。

5.1.6 采用水泥稳定掘进煤矸石混合料作基层时，水泥剂量宜为4.0%～6.0%；采用水泥稳定掘进煤矸石作底基层时，水泥剂量宜为3.0%～5.5%。

5.2 击实方法

水泥稳定掘进煤矸石混合料设计应采用重型击实或振动成型方法进行击实试验，绘制水泥稳定掘进煤矸石混合料含水量-干密度关系曲线，确定其最佳含水量和最大干密度。

5.3 强度要求

室内成型的水泥稳定掘进煤矸石混合料试件7d无侧限抗压强度应满足附表2要求。

水泥稳定掘进煤矸石无侧限抗压强度要求（MPa） 附表2

结构层	极重、特重交通	重交通	中、轻交通
基层	4.0～6.0	3.0～5.0	2.0～4.0
底基层	2.5～4.5	2.0～4.0	1.0～3.0

注1：公路等级高或交通荷载等级高或结构安全要求高时，推荐取上限强度要求。
注2：强度要求指的是7d龄期无侧限抗压强度的代表值。

6 施工

6.1 一般规定

6.1.1 机械设备、试验检测仪器进场后，应全面检查、调试、校核、标定、维修和保养。

6.1.2 施工前，建设单位应组织设计、施工、监理等单位进行技术交底，施工单位应进行施工组织设计，施工、监理人员应培训后上岗。

6.1.3 水泥稳定掘进煤矸石混合料应采用集中厂拌法拌合，并使用摊铺机摊铺。

6.1.4 下承层验收合格后，方可以进行上结构层施工。

6.1.5 正式开工之前，应铺筑不小于200m的试验段，确定施工工艺和质量控制要求。

6.1.6 应认真贯彻国家环境和生态保护、安全生产的相关规定，做到文明施工、安全生产。

6.2 拌合

6.2.1 拌合机额定产量应不小于500t/h，拌缸长度宜不小于5m；进料斗应不少于5个，料斗间加设高度不小于1m的隔板；至少配置2个容量80～100t水泥罐，罐仓内应配有防水泥起拱停流的装置；料斗、罐仓应装配高精度电子动态计量器，加水量使用流量计控制。

6.2.2 水泥稳定掘进煤矸石混合料宜采用振动搅拌拌合机进行生产。拌合机实际出料能力应超过实际摊铺能力的10%～15%。

6.2.3 拌合前，应先调试和标定所用设备，确保配合比符合设计要求。原材料发生变化时，应重新调试和标定设备。

6.2.4 每天开始拌合前，应检查集料的含水率，计算当天的施工配合比。高温作业时，应按温度变化及时调整拌合含水率，保持现场摊铺碾压含水率接近于最佳含水率。

6.2.5 每天出料时，应检查配合比是否符合设计要求。施工过程中应按规定频率抽检配合比情况。

6.3 运输

6.3.1 运输车辆数量、运输能力应满足拌合出料与摊铺需要。

6.3.2 装车时车辆应"前、后、中"移动，分三次装料。

6.3.3 运输车上的水泥稳定掘进煤矸石混合料应覆盖，直到摊铺机前准备卸料时方可打开。

6.4 摊铺

6.4.1 摊铺机应具有良好的抗离析能力。

6.4.2 为防止水泥稳定掘进煤矸石混合料离析，对摊铺机采取下列措施：

a) 螺旋分料器不应安装在高位；
b) 螺旋分料器与前挡板刮板和熨平板之间间隙应不大于25cm；
c) 应采取措施降低前挡板刮板离地高度，如设塑料或橡胶挡板等；
d) 前挡板刮板两端应安装塑料或橡胶挡板等，以防止两端混合料自由滚落。

6.4.3 摊铺准备工作应符合以下要求：

a) 严格控制基层、底基层厚度和高程，保证路拱横坡度满足设计要求；
b) 下承层洒水湿润后，其表面还应撒水泥。水泥用量宜为1.0～1.2kg/m²。

6.4.4 摊铺应符合以下要求：

a) 采用梯队流水作业模式，相邻两台摊铺机前后间距不应超过10m；
b) 摊铺速度宜控制在1.5～2.0m/min，且尽量匀速、不停歇地摊铺；
c) 螺旋分料器应匀速、不间歇地旋转送料，且全部埋入混合料中；
d) 螺旋分料器转速应与摊铺速度相适应，保证两边缘料位充足；
e) 摊铺机应开启振动器和夯锤。振动器振动频率应不低于30Hz，夯锤冲击频率应不低于20Hz。

6.5 碾压

6.5.1 碾压程序和碾压遍数应通过试验路段确定。碾压应遵循试验路段确定的程序与工艺，由路边向路中、先轻后重、低速行驶碾压的原则，避免出现推移、起皮和漏压的现象。

6.5.2 水泥稳定掘进煤矸石混合料12t以上双钢轮压路机不少于1台，26t以上胶轮压路机不少于2台。合理数量的20t以上单钢轮振动压路机，确保与拌合、摊铺能力相匹配。

6.5.3 压实时，遵循初压、复压、终压的程序，压至无轮迹为止。初压充分，振压不起浪、不推移。

6.5.4 压路机碾压时至少重叠20～30cm。压路机倒车换挡要轻且平顺，不应扰动基层、底基层，在第一遍初步稳压时，倒车后原路返回，换挡位置应在已压好的段面上，在未碾压的一头换挡倒车位置错开，要成齿状，出现个别拥包时，由工人进行铲平处理。

6.5.5 碾压工艺宜参考附表3的要求，每遍重叠1/2轮宽。

碾压工艺　　　　　　　　　　　　　　　　附表3

阶段	压路机类型及组合	工艺要求	碾压速度（km/h）	遍数
初压	胶轮压路机＋双钢轮压路机	紧跟摊铺机碾压，胶轮压路机在前，双钢轮压路机在后	1.5～1.7	不少于2遍
复压	振动压路机	先弱振1遍，再强振不低于4遍，最后弱振1遍	1.8～2.2	不少于6遍
终压	胶轮压路机或与双钢轮压路机组合	以弥合表面微裂纹、松散以及消除轮迹为停压标准	1.5～1.7	—

6.5.6 碾压作业应在水泥初凝前完成，基层、底基层表面无明显轮迹和微裂纹。

6.5.7 碾压完成后，应尽快进行压实度检测，并及时把检测结果反馈给现场施工人员，以便指导后续施工。

6.6 接缝处理

6.6.1 摊铺时遇下列情况应设置横向施工缝：

a）因故中断时间超过2h，则设横缝；

b）每天收工后，第二天开工的接头断面设置横缝。

6.6.2 横缝应与路中心线垂直设置，接缝断面应为竖向平面，横缝处应采用水泥浆进行处理。

6.6.3 摊铺时宜避免纵向接缝，分两幅摊铺时，纵向接缝处应加强碾压。存在纵向接缝时，纵缝应垂直相接，严禁斜接。

6.7 养护与交通管制

6.7.1 每一作业段碾压完成且检测合格后，基层、底基层表面应及时覆盖保湿养护，宜采用透水土工布覆盖。

6.7.2 基层、底基层保湿养护应不少于7d。若上结构层不能及时铺筑，则应保持基层、底基层表面湿润。

6.7.3 养护用洒水车应采用喷雾式喷头，严禁采用高压式喷管，以免破坏基层、底基层结构。

6.7.4 养护期间，应封闭交通。养护结束后应实行交通管制，并使车辆轮迹横向均匀分布地行驶。

7 质量检查与验收

7.1 一般规定

7.1.1 水泥剂量采用滴定法检测，要求拌合出料后立即取样并在 10min 内送达工地试验室进行滴定试验。应记录每天实际水泥用量、集料用量和实际工程量，计算日均水泥剂量。

7.1.2 应钻取芯样检验基层、底基层的整体性，芯样直径宜为 150mm。钻芯取样应采用随机布点的方式。先在室内按照随机抽样的原理，确定取样的具体位置，然后再到现场钻芯取样，不得在现场人为挑选位置，否则，评价结果无效。

7.2 施工过程质量检查

水泥稳定掘进煤矸石基层、底基层的施工质量应满足附表4、附表5的要求。

施工过程质量检测项目、频度和要求　　　　　　　　　　　　　　　　附表 4

名称	检查项目	质量要求	检查频次	试验方法
水泥	强度等级和初、终凝时间	符合 JTG/T F20 规定	做材料组成设计时抽 1 个样品，料源或强度等级变化时重新检测	GB175（T0505/T0506）
集料	含水率	—	每天使用前检测 2 个样品	JTG E51（T0801/T0803）
集料	级配	符合 JTG/T F20 规定	使用前测 2 个样品，使用过程中每 2000m³ 测 2 个样品，发现异常时随时检测	JTG E42（T0303）
集料	压碎值	符合附表 1 的要求		JTG E42（T0316）
集料	塑性指数	符合附表 1 的要求	—	JTG 3430（T0118）
集料	有机质含量	符合附表 1 的要求	有怀疑时做此试验	JTG E42（T0313）/ JTG 3430（T0151）
集料	硫酸盐含量	符合附表 1 的要求	有怀疑时做此试验	JTG E42（T0341）
集料	烧失量	符合附表 1 的要求	做材料组成设计前检测 2 个样品	GB/T35986
混合料	级配	符合 JTG/T F20 规定	每 2000m² 检测 1 次，异常时，随时检测	现场筛分
混合料	水泥剂量	设计水泥剂量的 0～+0.5%	每 2000m² 检测 1 次，不少于 6 个样品	JTG E51（T0809）
混合料	含水率	碾压时不超过最佳含水率+1%	每 2000m² 检测 1 次	JTG E51（T0803）
混合料	均匀性	符合 JTG/T F20 规定	随时检测	现场筛分
施工质量	压实度	符合 JTG/T F20 规定	每作业段检测 6 次以上	JTG 3450（T0921）
施工质量	强度	符合附表 2 的要求	每作业段不少于 9 个试件	JTG E51（T0805）

外形检查项目、频率和质量要求　　　　　　　　　　　　　　　　　　附表 5

检查项目	质量要求		频率
	底基层	基层	
纵断高程（mm）	+5～-20	+5～-15	每 20m 测 1 点
宽度（mm）	符合设计要求	符合设计要求	每 40m 测 1 处

续表

检查项目		质量要求		频率
		底基层	基层	
横坡（%）		±0.5	±0.5	每100m测3处
平整度（mm）	最大间隙	≤15	≤12	每200m测2处，每处连续10尺
厚度（mm）	均值	≥−12	≥−10	每200m每车道测1点
	单个值	≥−30	≥−20	（1500~2000m²6点）

7.3 交工验收

水泥稳定掘进煤矸石基层、底基层应按照《公路工程质量检验评定标准 第一册 土建工程》JTG F80/1 的要求进行质量检验评定。

参 考 文 献

[1] 国家统计局. 2022 中国统计年鉴 [M]. 北京：中国统计出版社，2022.

[2] Li J Y, Wang J M. Comprehensive utilization and environmental risks of coal gangue: A review [J]. Journal of Cleaner Production, 2019, 239: 117946.

[3] Li D, Wu D S, Xu F G, et al. Literature overview of Chinese research in the field of better coal utilization [J]. Journal of Cleaner Production, 2018, 185: 959-980.

[4] 周楠，姚依南，宋卫剑，等. 煤矿矸石处理技术现状与展望 [J]. 采矿与安全工程学报，2020, 37(1): 136-146.

[5] Caneda-Martinez L, Sanchez J, Medina C, et al. Reuse of coal mining waste to lengthen the service life of cementitious matrices [J]. Cement & Concrete Composites, 2019, 99: 72-79.

[6] 邹俊，高文华，张宗堂，等. 煤矸石路基填料强度与变形特性研究 [J]. 铁道科学与工程学报，2021, 18(4): 885-891.

[7] 武昊翔. 煤矸石在路面基层的应用技术研究 [D]. 北京：北京工业大学，2014.

[8] Gao S, Zhao G H, Guo L H, et al. Utilization of coal gangue as coarse aggregates in structural concrete [J]. Construction and Building Materials, 2021, 268: 121212.

[9] 白朝能，李霖皓，沈远，等. 不同取代方式下煤矸石对低强度混凝土强度的影响 [J]. 煤炭科学技术，2020, 48(S1): 270-277.

[10] 祝小靓，张明，王栋民，等. 大掺量掘进煤矸石道路基层和混凝土的制备及力学性能研究 [J]. 金属矿山，2022(1): 21-27.

[11] Finkelman R B, Orem W, Castranova V, et al. Health impacts of coal and coal use: possible solutions [J]. International Journal of Coal Geology, 2002, 50(1-4): 425-443.

[12] 郭彦霞，张圆圆，程芳琴. 煤矸石综合利用的产业化及其展望 [J]. 化工学报，2014, 65(7): 2443-2453.

[13] Gao S, Zhang S M, Guo L H. Application of coal gangue as a coarse aggregate in green concrete production: A review [J]. Materials, 2021, 14(22): 680302.

[14] 高健. 巴彦高勒矿区煤矸石路用性能研究 [D]. 呼和浩特：内蒙古工业大学，2018.

[15] 田怡然，张晓然，刘俊峰，等. 煤矸石作为环境材料资源化再利用研究进展 [J]. 科技导报，2020, 38(22): 104-113.

[16] Rujikiatkamjorn C, Indraratna B, Chiaro G. Compaction of coal wash to optimise its utilisation as water-front reclamation fill [J]. Geomechanics and Geoengineering: An International Journal, 2013, 8(1): 36-45.

[17] Zhang J X, Li M, Liu Z, et al. Fractal characteristics of crushed particles of coal gangue under compaction [J]. Powder Technology, 2017, 305: 12-18.

[18] Vo T L, Nash W, Del Galdo M, et al. Coal mining wastes valorization as raw geomaterials in construction: A review with new perspectives [J]. Journal of Cleaner Production, 2022, 336: 130213.

[19] 姜振泉，季梁军，左如松. 煤矸石的破碎压密作用机制研究 [J]. 中国矿业大学学报，2001(2): 31-34.

[20] 刘松玉，邱钰，童立元，等. 煤矸石的动力特性试验研究 [J]. 东南大学学报（自然科学版），2005(2): 280-283.

[21] 刘松玉，童立元，邱钰，等. 煤矸石颗粒破碎及其对工程力学特性影响研究 [J]. 岩土工程学报，2005（5）：505-510.

[22] 李东升，刘东升. 固结煤矸石抗剪强度特征试验 [J]. 重庆大学学报，2015，38（3）：58-65.

[23] 李东升，刘东升. 煤矸石抗剪强度特性试验对比研究 [J]. 岩石力学与工程学报，2015，34（S1）：2808-2816.

[24] 闫广宇，周明凯，陈潇，等. 煤矸石集料路面基层材料应用研究 [J]. 武汉理工大学学报（交通科学与工程版），2021，45（3）：568-573.

[25] 时成林，祝侃，沙爱民，等. 煤矸石路用分级技术指标研究 [J]. 中外公路，2009，29（4）：401-405.

[26] 戚庭野，郭育霞，李振，等. 机械破碎后煤矸石在 $Ca(OH)_2$ 溶液中的活性特征 [J]. 煤炭学报，2015，40（6）：1339-1346.

[27] Chen J X, Jia J Q, Zhang L H, et al. Effect of hydration process on properties and microstructure of coal gangue admixture concrete [J]. Ksce Journal of Civil Engineering, 2022, 26 (8): 3520-3532.

[28] 于聪. 火山灰质复合矿物掺合料的制备及其对混凝土性能的影响 [D]. 重庆：重庆大学，2020.

[29] Ashfaq M, Heeralal M, Moghal A A B. Characterization studies on coal gangue for sustainable geotechnics [J]. Innovative Infrastructure Solutions, 2020, 5 (1): 1-12.

[30] Zhu Y Y, Zhu Y C, Wang A G, et al. Valorization of calcined coal gangue as coarse aggregate in concrete [J]. Cement & Concrete Composites, 2021, 121: 104057.

[31] 孟文清，黄祖德，崔邯龙，等. 煤矸石混合料抗压强度的试验研究 [J]. 煤炭工程，2012（7）：106-108.

[32] 牛小玲. 水稳煤矸石在道路底基层应用的试验研究 [J]. 建材技术与应用，2013（1）：17-19.

[33] Zhang H Z, Fang Y. An experimental study on flexural-tensile property of cement stabilized coal gangue roadbase materials [J]. Applied Mechanics and Materials, 2014, 638-640: 1536-1540.

[34] Zhang Y P, Meng W Q, Zhang Z F. Experimental study of indirect tensile strength of calcareous coal gangue mixture [J]. Word Journal of Engineering, 2013, 10 (5): 457-462.

[35] 牛清奎. 煤矸石二灰混合料路基工程技术和理论研究 [D]. 天津：天津大学，2008.

[36] 周梅，李志国，吴英强，等. 石灰-粉煤灰-水泥稳定煤矸石混合料的研究 [J]. 建筑材料学报，2010，13（2）：213-217.

[37] An Y. Study on stability and durability of coal gangue used in runway base [J]. Iop Conference Series. Materials Science and Engineering, 2019, 677 (3): 032064.

[38] 王新溢. 基于 CT 扫描的煤矸石二灰混合料冻融损伤特性研究 [D]. 邯郸：河北工程大学，2018.

[39] 苏跃宏，王晓敏，吕川，等. 低掺量水泥稳定煤矸石耐久性研究 [J]. 内蒙古农业大学学报（自然科学版），2021，42（2）：67-72.

[40] Cao D W, Ji J, Liu Q Q, et al. Coal gangue applied to low-volume roads in China [J]. Transportation Research Record, 2011 (2204): 258-266.

[41] 于玲，周宇，包龙生，等. 营口地区煤矸石应用于道路底基层配合比及路用性能试验 [J]. 沈阳建筑大学学报（自然科学版），2009，25（5）：930-933.

[42] Li Z X, Guo T T, Chen Y Z, et al. Road performance analysis of cement stabilized coal gangue mixture [J]. Materials Research Express, 2021, 8 (12): 125502.

[43] Guan J F, Lu M, Yao X H, et al. An experimental study of the road performance of cement stabilized coal gangue [J]. Crystals, 2021, 11 (8): 993-998.

[44] Wang C B, Yang J X, Xu S Z. Experimental study of the mechanical and microstructure characteristics of coal gangue road stabilization materials based on alkali slag cementation [J]. Materials, 2021, 14 (13): 360105.

[45] 刘晓明, 唐彬文, 尹海峰, 等. 赤泥—煤矸石基公路路面基层材料的耐久与环境性能 [J]. 工程科学学报, 2018, 40 (4): 438-445.

[46] 马璐璐, 张翛, 刘芳, 等. 赤泥-粉煤灰稳定煤矸石基层强度特性及机理 [J]. 建筑材料学报, 2022: 1-15.

[47] Cai Y C, Liu X C. Mechanical properties test of pavement base or subbase made of solid waste stabilized by acetylene sludge and fly ash [J]. Aip Advances, 2020, 10 (6): 065022.

[48] 延常玉, 李宏波, 张虎彪, 等. 水泥粉煤灰炉渣煤矸石混合料的力学性能试验研究 [J]. 灌溉排水学报, 2022, 41 (3): 125-135.

[49] 童彧斐, 严鹏飞, 张虎彪, 等. 水泥粉煤灰稳定炉渣煤矸石混合料抗冻试验 [J]. 中国科技论文, 2022, 17 (10): 1078-1083.

[50] Su Z N, Li X H, Zhang Q. Influence of thermally activated coal gangue powder on the structure of the interfacial transition zone in concrete [J]. Journal of Cleaner Production, 2022, 363: 132408.

[51] Zhang Y L, Ling T C. Reactivity activation of waste coal gangue and its impact on the properties of cement-based materials - A review [J]. Construction and Building Materials, 2020, 234: 117424.

[52] 程松林. 复合活化煤矸石在路面工程中的应用研究 [D]. 南京: 东南大学, 2021.

[53] 敖清文, 江洲. 煤矸石活化及在水泥稳定碎石基层中的使用研究 [J]. 中外公路, 2016, 36 (4): 331-334.

[54] Wang C B, Liu C X, Zhang L H, et al. Exploring calcined coal gangue fines as the total substitute of fly ash in the production of alkali-activated slag/fly ash materials [J]. Case Studies in Construction Materials, 2022, 17: e01332.

[55] 李永靖, 史明月, 雷长春, 等. 聚丙烯纤维对煤矸石混合料性能影响研究 [J]. 非金属矿, 2016, 39 (4): 63-66.

[56] 储安健, 李英明, 黄顺杰, 等. 纳米SiO_2和聚丙烯纤维对煤矸石二灰混合料改性试验研究 [J]. 硅酸盐通报, 2022, 41 (5): 1669-1676.

[57] Guo Y X, Li C, Li M. Experimental study on cement stabilized macadam-gangue mixture in road base [J]. International Journal of Coal Preparation and Utilization, 2022, 42 (3): 580-593.

[58] 李明. 淮北水洗煤矸石在路面基层中的应用研究 [D]. 南京: 东南大学, 2019.

[59] 刘乃成. 煤矸石在水泥稳定碎石基层中的路用性能研究 [D]. 银川: 宁夏大学, 2021.

[60] Yu L L, Xia J W, Xia Z, et al. Study on the mechanical behavior and micro-mechanism of concrete with coal gangue fine and coarse aggregate [J]. Construction and Building Materials, 2022, 338: 127626.

[61] 纪小平, 曹海利, 刘陵庆. 水泥稳定再生集料的性能及其影响因素研究 [J]. 建筑材料学报, 2016, 19 (2): 342-346.

[62] 黄维蓉, 杨玉柱, 刘延杰, 等. 含粗骨料超高性能混凝土的力学性能 [J]. 硅酸盐学报, 2020, 48 (11): 1747-1755.

[63] Yan K Z, Li G K, You L Y, et al. Performance assessments of open-graded cement stabilized macadam containing recycled aggregate [J]. Construction and Building Materials, 2020, 233: 117326.

[64] 朱愿愿, 王爱国, 孙道胜, 等. 煅烧煤矸石细骨料特性及其对砂浆性能的提升作用 [J]. 煤炭学报, 2021, 46 (11): 3657-3669.

[65] 刘栋,李立寒,崔华杰. 水泥稳定炉渣碎石基层路用性能[J]. 同济大学学报(自然科学版),2015,43(3):405-409.

[66] 戚庭野,冯国瑞,郭育霞,等. 煤矿膏体充填材料性能随龄期变化的试验研究[J]. 采矿与安全工程学报,2015,32(1):42-48.

[67] Chen P Y, Zhang L H, Wang Y H, et al. Environmentally friendly utilization of coal gangue as aggregates for shotcrete used in the construction of coal mine tunnel[J]. Case Studies in Construction Materials, 2021, 15: e00751.

[68] 李少伟,周梅,张莉敏. 自燃煤矸石粗骨料特性及其对混凝土性能的影响[J]. 建筑材料学报,2020,23(2):334-340.

[69] 孙国文,孙伟,王彩辉. 现代混凝土传输行为与其微结构之间关系的研究方法及其进展[J]. 材料导报,2018,32(17):3010-3022.

[70] 吕松涛,郑健龙,仲文亮. 养护期水泥稳定碎石强度、模量及疲劳损伤特性[J]. 中国公路学报,2015,28(9):9-15.

[71] 宋宏芳,岳祖润,王天亮,等. 季节性冻土区高速铁路路基水泥稳定碎石基床压实指标相关性[J]. 中国铁道科学,2018,39(5):8-14.

[72] Sun X Y, Wu S Y, Yang J, et al. Mechanical properties and crack resistance of crumb rubber modified cement-stabilized macadam[J]. Construction and Building Materials, 2020, 259: 119708.

[73] Luo D M, Wang Y, Zhang S H, et al. Frost resistance of coal gangue aggregate concrete modified by steel fiber and slag powder[J]. Applied Sciences-Basel, 2020, 10(9): 030229.

[74] 邱继生,潘杜,关虓,等. 冻融环境下煤矸石混凝土损伤演化规律研究[J]. 西安建筑科技大学学报(自然科学版),2017,49(5):654-658.

[75] Li X L, Lv X C, Wang W Q, et al. Crack resistance of waste cooking oil modified cement stabilized macadam[J]. Journal of Cleaner Production, 2020, 243: 118525.

[76] 白国良,刘瀚卿,刘辉,等. 煤矸石理化特性及其对混凝土强度的影响[J]. 建筑结构学报,2023(10):81-92.

[77] Jiang Y J, Han Z C, Xue J S, et al. Laboratory fatigue performance of vertical vibration compacted SRX-stabilized crushed rock material[J]. Journal of Materials in Civil Engineering, 2019, 31(12): 0401929.

[78] 黄琴龙,权晨嘉,杨壮,等. 乳化沥青水泥稳定碎石混合料的疲劳性能试验[J]. 建筑材料学报,2017,20(5):739-744.

[79] 王艳,倪富健,李再新. 水泥稳定碎石混合料疲劳性能[J]. 交通运输工程学报,2009,9(4):10-14.

[80] 梁春雨,郭有蒙,张利东,等. 季冻区多指标水泥稳定碎石性能评价及级配优选[J]. 吉林大学学报(工学版),2020,50(3):998-1005.

[81] 吴永根,张泽垚,刘庆涛,等. 运用响应面法的无机聚合物混凝土性能分析[J]. 空军工程大学学报(自然科学版),2017,18(3):92-98.

[82] Dong S, Wang D C, Hao P W, et al. Quantitative assessment and mechanism analysis of modification approaches for cold recycled mixtures with asphalt emulsion[J]. Journal of Cleaner Production, 2021, 323: 129163.

[83] 龚建清,周孜豪. 纤维和外加剂对泡沫混凝土收缩性能的影响[J]. 湖南大学学报(自然科学版),2019,46(5):76-85.

[84] Wu C L, Zhang C, Li J W, et al. A sustainable low-carbon pervious concrete using modified coal

gangue aggregates based on ITZ enhancement [J]. Journal of Cleaner Production, 2022, 377: 134310.

[85] 徐翔波, 金祖权, 于泳, 等. 基于雷达图模型的超高性能混凝土 (UHPC) 配合比设计及性能评价 [J]. 材料导报, 2022, 36 (S2): 184-190.

[86] 延西利, 梁春雨, 许金华, 等. 水泥稳定碎石基层的弹塑性特性 [J]. 中国公路学报, 2019, 32 (1): 29-36.

[87] 杜修力, 揭鹏力, 金浏. 不同加载速率下界面过渡区对混凝土破坏模式的影响 [J]. 水利学报, 2014, 45 (S1): 19-23.

[88] 白国良, 刘瀚卿, 朱可凡, 等. 陕北矿区不同矿源煤矸石混凝土抗压强度试验研究 [J]. 土木工程学报, 2023, 56 (4): 30-40.

[89] Yao Y G, Wang W L, Ge Z, et al. Hydration study and characteristic analysis of a sulfoaluminate high-performance cementitious material made with industrial solid wastes [J]. Cement & Concrete Composites, 2020, 112: 103687.

[90] 时成林, 沙爱民, 闫秋波、谭永波、韩继国等. 煤矸石筑路技术研究及应用 [M]. 北京: 人民交通出版社, 2016.

[91] 刘春荣, 宋宏伟, 董斌. 煤矸石用于路基填筑的探讨 [J]. 中国矿业大学学报, 2001, 30 (3): 294-297.

[92] 顾梁平. 煤矸石用作高速公路路基填料的现场碾压试验研究 [D]. 合肥: 合肥工业大学, 2007.

[93] 张鹏飞, 宋宇辰. 煤矸石综合利用分析 [J]. 内蒙古煤炭经济, 2013 (3): 44+46.

[94] 程红光. 煤矸石在公路工程中的应用研究 [D]. 西安: 长安大学, 2009.

[95] 王妮妮. 沈抚地区煤矸石在辽东北地区普通公路基层中的应用研究 [D]. 长春: 吉林大学, 2016.